*Este libro*

*pertenece a*

_____

*…una mujer conforme*
*al corazón de Dios.*

# FILIPENSES

# Experimenta la paz de Dios

## ELIZABETH GEORGE

EDITORIAL
PORTAVOZ

La misión de *Editorial Portavoz* consiste en proporcionar productos de calidad —con integridad y excelencia—, desde una perspectiva bíblica y confiable, que animen a las personas a conocer y servir a Jesucristo.

Título del original: *Experiencing God's Peace* © 2000 por Elizabeth George y publicado por Harvest House Publishers, Eugene, Oregon 97402. Traducido con permiso.

Edición en castellano: *Filipenses: Experimenta la paz de Dios* © 2014 por Editorial Portavoz, filial de Kregel Publications, Grand Rapids, Michigan 49505. Todos los derechos reservados.

Traducción: Nohra Bernal

Reconocimientos

¿Cómo puede un autor expresar el justo y pleno agradecimiento a una editorial por su apoyo constante, su aliento ininterrumpido y su visión ilimitada? No lo sé, pero quiero intentarlo. Así, pues, "¡gracias querida editorial de Harvest House!". Gracias Bob Hawkins Jr., Carolyn McCready, LaRae Weikert y Steve Miller. Gracias Terry Glaspey, Barbara Sherril y Betty Fletcher. Gracias Julie McKinney, Teresa Evenson y John Constance, por su labor de difusión. Gracias a todos por su ayuda paciente con mis libros. Y ahora, gracias por darle alas a esta serie de estudios bíblicos para que las mujeres puedan crecer en su conocimiento de nuestro Señor y Salvador.

EDITORIAL PORTAVOZ
2450 Oak Industrial Drive NE
Grand Rapids, Michigan 49505 USA
Visítenos en: www.portavoz.com

ISBN 978-0-8254-5969-6 (rústica)
ISBN 978-0-8254-6405-8 (Kindle)
ISBN 978-0-8254-7932-8 (epub)

1 2 3 4 5 / 26 25 24 23 22 21 20

*Impreso en los Estados Unidos de América*
*Printed in the United States of America*

# Contenido

# Prólogo

Desde hace tiempo he buscado estudios bíblicos de uso diario que me permitan conocer mejor la Palabra de Dios. En esto me hallé entre dos extremos: estudios bíblicos que requerían poco tiempo pero superficiales, o estudios profundos que exigían más tiempo del que disponía. Descubrí que no era la única y que, como muchas mujeres, vivía muy ocupada pero deseosa de pasar tiempo provechoso en el estudio de la Palabra de Dios.

Por eso me emocionó tanto saber que Elizabeth George quisiera escribir una serie de estudios bíblicos para mujeres con lecciones profundas que solo requerían 15 o 20 minutos diarios. Después que ella completara su primer estudio sobre Filipenses, estaba ansiosa por conocerlo. Aunque ya había estudiado Filipenses, por primera vez entendí bien la organización del libro y su verdadera aplicación para mi vida. Cada lección era sencilla pero profunda, ¡y escrita especialmente para mí como mujer!

En la serie de estudios bíblicos de *Una mujer conforme al corazón de Dios*®, Elizabeth nos guía en un recorrido por las Escrituras, y comunica la sabiduría que ha adquirido en más de 20 años como maestra bíblica para mujeres. Las lecciones abundan en contenidos muy valiosos, porque se fundamentan en la Palabra de Dios y son el fruto de la experiencia de Elizabeth. Su estilo de comunicación personal y afable hacen sentir como si estuviera a tu lado estudiando contigo, como si en persona te orientara en la mayor aspiración que pudieras tener en la vida: ser una mujer conforme al corazón de Dios.

Si buscas estudios bíblicos que pueden ayudarte a cimentar tu conocimiento de la Palabra de Dios en medio de tantas ocupaciones, estoy segura de que esta serie será una grata compañía en tu andar diario con Dios.

—LaRae Weikert
Directora Editorial,
Publicaciones Harvest House

# Preámbulo

*E*n mi libro *Una mujer conforme al corazón de Dios*® hablo de esta clase de mujer como alguien que tiene el cuidado de poner a Dios en el trono de su corazón y como su máxima prioridad en la vida. También mencioné que una forma de lograrlo sin falta es alimentar un corazón anclado en la Palabra de Dios. Esto supone que desarrollemos unas raíces profundas en las Escrituras.

Antes de emprender nuestro estudio bíblico, dedica un momento a pensar en los siguientes aspectos concernientes a las raíces y al estudio diario y constante de la Palabra de Dios:

- *Las raíces no están a la vista.* Será necesario que apartes tiempo a solas, "en lo secreto", si deseas sumergirte en la Palabra de Dios y crecer en Él.

- *La función de las raíces es absorber nutrientes.* A solas, y con tu Biblia en mano, podrás alimentarte de las verdades de la Palabra de Dios y asegurar tu crecimiento espiritual.

- *Las raíces sirven para almacenar.* A medida que adquieres el hábito de escudriñar la Palabra de Dios, descubrirás que acumulas una inmensa y profunda reserva de esperanza divina y fortaleza para los tiempos difíciles.

- *Las raíces sirven de sostén.* ¿Quieres permanecer firme en el Señor y en medio de las presiones de la vida? El cuidado diario de tus raíces espirituales mediante el estudio de la Palabra de Dios te convertirá en una mujer extraordinaria y firme.[1]

Me alegra que hayas escogido este volumen de mi serie de estudios bíblicos de *Una mujer conforme al corazón de Dios*®. Mi oración es que las verdades que encuentres en la Palabra de Dios a través de este estudio te acerquen más a la semejanza de su amado Hijo y te faculten para ser la mujer que anhelas: una mujer conforme al corazón de Dios.

En su amor,

*Elizabeth George*

# Lección 1

# Experimenta la paz de Dios

## Hechos 16:6-40

Paz. ¡Hay muchos medios por los cuales tratamos de traer a nuestras almas la paz que tanto anhelamos! Compramos cuadros con escenas tranquilas que nos evoquen un sentimiento de paz. Compramos música que nos ayude a relajarnos. En los jardines de las casas, los centros comerciales y los parques construimos cascadas, piscinas, estanques y fuentes que inspiren sentimientos de paz. También identificamos la mañana y la noche con paz y tranquilidad. Y se nos dice que sentarnos al sol libera vitamina D en nuestro organismo y nos ayuda a relajarnos.

Sin embargo, nuestro maravilloso Dios ha provisto verdadera paz para nosotras que somos sus hijas amadas, ¡y esto te incluye a ti! Es maravilloso pensar que, aunque Jesús dijo: "En el mundo tendréis aflicción" (Jn. 16:33), tú cuentas con la provisión de la perfecta paz de Dios para cada circunstancia a lo largo de toda la vida.

Cuando meditamos en lo que significa experimentar la paz de Dios, conviene volvernos al pequeño libro de Filipenses en el Nuevo Testamento, que habla acerca de la paz. El apóstol Pablo escribió esta pequeña epístola a sus amados amigos en Filipos. Empecemos viendo cómo se fundó la iglesia de Filipos.

## *De la Palabra de Dios*

1. Lee rápidamente Hechos 16:6-40. Aquí encontramos a Pablo en su segundo viaje misionero. ¿Cómo fueron guiados sus pasos cuando intentaba predicar el evangelio (vv. 6-7)?

   ¿Cómo fue guiado a la ciudad de Filipos?

2. Empezando en el versículo 13, observa los siguientes detalles acerca de un encuentro significativo:

   ¿Quién estaba presente?

   ¿Cuándo y dónde tuvo lugar?

   ¿Cuál era el propósito del encuentro?

3. Describe el carácter y los sucesos relacionados con Lidia, una mujer notable (vv. 14-15).

4. Describe ahora los sucesos relacionados con el encuentro de Pablo con una joven con un espíritu de adivinación (vv. 16-18).

   Relata brevemente qué les sucedió después a Pablo y a su amigo Silas (vv. 19-24).

¿Cómo manejaron sus difíciles y dolorosas circunstancias (v. 25)?

5. Observa las acciones del carcelero filipense:

Su misión (v. 23)

Su respuesta frente a su misión (v. 24)

Su reacción frente al terremoto (v. 27)

Su respuesta al clamor de Pablo (vv. 28-30)

Su respuesta al evangelio (vv. 31-34)

6. Por último, observa dónde pudo ser el lugar de reunión de la nueva iglesia de Filipos (v. 40).

## ...a tu corazón

Querida, ¡estos pocos versículos de la Santa Palabra de Dios nos dan mucho qué pensar! Por ejemplo:

• Piensa cuál es tu reacción natural cuando tus planes y sueños se frustran. Con respecto a la negativa de Pablo cuando no se dio por vencido en su esfuerzo por predicar el evangelio, ¿qué aprendes acerca de una mejor manera de asumir las desilusiones de la vida?

- ¿Cómo cambia tu perspectiva respecto a las cosas que te "sobrevienen" en la vida la forma como Dios intervino y guio la vida de Pablo?

*E*n un comentario acerca de lo que sucedió a Pablo y a Silas, el pastor y maestro G. Campbell Morgan escribe que ellos "fueron guiados por los impedimentos... La lección que debemos aprender es la importancia de la obediencia a la dirección del Espíritu cuando no podemos entender la razón, y cuando en efecto nos parece que el camino trazado nos impide llevar a cabo las tareas más elevadas de nuestro llamado más sagrado. La experiencia no es infrecuente. Una y otra vez en el camino del verdadero servicio nos encontramos en tales lugares. Una gran oportunidad se abre delante de nosotros y no se nos permite aprovecharla. O estamos en medio de una labor muy exitosa y somos llamados a abandonarla. Nunca debemos dudar. Esta maravillosa página de historia apostólica nos enseña que la perspectiva de Dios es más grande que la nuestra. Siempre podemos confiar el asunto en sus manos, y con brevedad aprenderemos cuán sabio es su camino, cuán firme es su voluntad".[2]

- Volviendo a Lidia, ¿qué es lo que más te impresiona acerca de ella? ¿Qué acciones puedes tomar hoy para seguir sus pasos?

*Lee* otro comentario acerca de nuestra amiga Lidia: "La respuesta de Lidia al evangelio fue personal, profunda y práctica. Ella le abrió su vida misma a Jesús. Luego guio a todos los de su casa a consagrarse a Cristo mediante el bautismo. Además, insistió en convertir su casa en la base de las operaciones de los misioneros...

"Lidia obedeció tanto como entendía de Dios. Mostró un corazón diligente. Cuando Dios le reveló más, respondió de inmediato. ¿Tu plan y tu agenda de hoy reflejan tu deseo de servir a Dios dondequiera que estás?".[3]

—*365 lecciones de vida
de personajes de la Biblia*

• Piensa por un momento en el carcelero filipense. ¿Cuáles fueron las evidencias de la autenticidad de su fe?

*Considera* las siguientes lecciones del carcelero filipense... y ponlas en práctica:

Primero: ¡tuvo miedo de perder su vida!

Segundo: ¡tuvo miedo de perder su alma!

Por último, recibió una bendición completa:

Salvó su vida.

Salvó su alma.

Su familia fue salva.

Fue movido a compasión.

## *Respuesta del corazón*

En retrospectiva, cuando intento asimilar todo lo que dice Hechos 16 y todo lo que Pablo y Silas soportaron en el proceso de la fundación de la iglesia de Filipos, no puedo evitar compararlo con el nacimiento. Así como traer al mundo a un hermoso y amado bebé requiere una gran medida de responsabilidad y compromiso de parte de la madre, dar a luz a la iglesia de Filipos exigió mucho de parte de Pablo y Silas. Así como hay una gran dicha mezclada con dolor en el nacimiento de un bebé, Pablo y Silas experimentaron gozo y sufrimiento.

Por un momento, trata de ponerte, si es posible, en su lugar. Pablo y Silas conocieron a algunas personas maravillosas, como Lidia y el grupo de mujeres que adoraban junto al río. Pero también encontraron a algunas personas no tan agradables, como la mujer poseída por un demonio y la gente del pueblo que maltrató a Pablo y a Silas. También estaba el carcelero, que inicialmente cayó en esta segunda categoría, pero que al final creyó junto con toda su familia, y Dios lo usó para bendecir a Pablo y a Silas con sus cuidados.

Sí, los siervos de Dios pasaron por muchas dificultades, mucho dolor y muchas incomodidades en su búsqueda de cumplir la voluntad de Dios. Sin embargo, al final nació la preciosa iglesia de Filipos. Espero que recuerdes esta comparación con el nacimiento físico cada vez que tú también, querida, experimentes sufrimiento y enfrentes obstáculos inesperados y puertas cerradas en *tu* camino.

Me parece sorprendente que, en esta odisea de sufrimiento, nunca vemos a Pablo y Silas detenerse, darse por vencidos, tener un berrinche, explotar, actuar de manera emocional, quejarse, hundirse en la depresión, vociferar, enfurecerse, o abandonar la carrera cristiana y su misión. No. Fueron perseverantes y constantes. Sin importar en qué apuros estaban, demostraron que habían aprendido a contentarse bajo cualquier circunstancia (Fil. 4:11-13). Buscaron en el Salvador su fortaleza y siguieron adelante, no aflojaron, y siguieron buscando la voluntad del Señor. Lo sirvieron de todo corazón (¡sin importar el costo!), soportando la aflicción y confiando en el Señor y en sus propósitos.

Como escribió Pablo en otro pasaje: "Así que, hermanos míos amados, estad firmes y constantes, creciendo en la obra del Señor siempre, sabiendo que vuestro trabajo en el Señor no es en vano" (1 Co. 15:58). Que podamos mirar al Señor, a sus siervos fieles Pablo y Silas, ¡y perseverar cada día! Mi oración es que aprendamos bien estas lecciones, porque así experimentaremos la anhelada paz, ¡la paz de Dios y sus múltiples bendiciones!

# Lección 2

# Cuenta con la gracia de Dios

## Filipenses 1:1-2

¿Alguna vez te han separado de un ser muy querido y con quien anhelabas comunicarte? Esa era la situación de Pablo en lo que respecta a sus amados amigos de Filipos. Por eso tomó la pluma y escribió la epístola a los Filipenses. Estoy segura de que has escrito muchas cartas por la misma razón, pero había algo muy particular acerca de la carta de Pablo, y es el hecho de que fuera escrita cuando estuvo bajo arresto domiciliario en Roma (Hch. 28:30). En realidad, estaba a la espera del veredicto de César, que podía significar la ejecución, por lo que esta pequeña carta era aún más urgente.

¿Qué quería Pablo comunicar a los filipenses? Bueno, es indudable que deseaba *manifestar su amor por ellos*. También quería *darles gracias*. Como sabrás, esta congregación le había enviado dinero (Fil. 4:15), y también le habían enviado a Epafrodito, un miembro de su propia congregación, para que le ayudara (2:25). Pablo también quería *consolar* a la iglesia de Filipos. Ellos estaban muy preocupados por su encarcelamiento y posible ejecución, y estaban muy angustiados por su amigo Epafrodito que había enfermado gravemente (2:27). Pablo también quería *advertir y amonestar* a la iglesia en varios aspectos. Y así empieza Pablo:

## *Filipenses 1:1-2*

¹ Pablo y Timoteo, siervos de Jesucristo, a todos los santos en Cristo Jesús que están en Filipos, con los obispos y diáconos:

² Gracia y paz a vosotros, de Dios nuestro Padre y del Señor Jesucristo.

## *De la Palabra de Dios...*

1. Observa primero cómo Pablo y Timoteo se describen a sí mismos (v. 1).

¿Cuáles son los tres grupos de personas de la iglesia de Filipos a quienes se dirige su carta (v. 1)?

2. Ahora, enumera las dos bendiciones que reciben todos los creyentes en Cristo (v. 2).

3. En una o dos palabras, ¿cómo describirías el tono general de la carta de Pablo hasta este momento?

## ...*a tu corazón*

* ¿No te parece asombroso que un gran líder como el apóstol Pablo y su mano derecha, Timoteo, escogieran evaluarse y describirse a sí mismos como "siervos" de Jesucristo? La palabra que usó Pablo para "siervo" era *doulos*, que se refiere a un esclavo que no tenía voluntad, ni derechos, ni posesiones. Antes bien, era propiedad de alguien... ¡para siempre! El papel de un esclavo en la vida era uno solo: obedecer la voluntad de su amo de manera rápida, callada y sin cuestionamientos.

  ¿Cómo te evalúas a ti misma? Por ejemplo, si te pidieran presentarte a otros, ¿qué descripción escogerías? O, dicho de otra manera, ¿cuál es el aspecto más destacado de tu vida? Anota tu respuesta en una o dos frases.


  ¿Revelan tus respuestas la necesidad de un cambio en la actitud para que tú también, junto con Pablo y Timoteo, puedas decir "soy un siervo, un esclavo, un sirviente, un *doulos* de Jesucristo"? Anota por lo menos un cambio que vas a hacer.


* Pasemos de esclavos a santos, y considera que un santo es alguien a quien el Señor ha apartado para glorificarlo. Un santo es alguien que ha sido apartado y consagrado para el servicio a Dios.

  En tus propias palabras, escribe una frase acerca de lo que significa ser santo y apartado para Dios, como Pablo y Timoteo.


  En este aspecto, ¿hay cambios que debes hacer? Anota por lo menos uno.

- Piensa de nuevo en los dos recursos de la gracia y la paz de Dios, que Pablo cataloga como nuestras, ya que somos mujeres de Dios:

*La gracia de Dios*. La gracia de Dios es su favor inmerecido que se derrama sobre aquellos que han confiado en Jesucristo. Pero ¿sabías que todo el poder sustentador de Dios está contenido en su gracia y su favor? La gracia de Dios significa la fuerza de Dios y su poder. Es la gracia maravillosa de Dios la que nos permite ir de poder en poder (Sal. 84:7) en medio de las pruebas de la vida. Y, así como Dios es todo lo que necesitas, la gracia de Dios es suficiente para ti. En realidad, ella basta (2 Co. 12:9).

*La paz de Dios*. Puesto que eres hija de Dios, amiga mía, tú puedes disfrutar de la confianza propia de un niño, y confiar y esperar en el Señor. En verdad tienes paz con Dios, la paz de Dios y el Dios de paz (Fil. 4:7, 9). ¡Todo lo que necesitas para un bienestar total!

¿Qué dice la Palabra de Dios acerca de cómo puedes experimentar la gracia y la paz de Dios? También puedes citar uno de tus pasajes favoritos acerca de la paz.

*Primero*: identifica tu prueba más difícil o la mayor dificultad de este día.

*Segundo*: busca echar mano de estos dos recursos sobrenaturales, el poder de Dios y la paz de Dios. Son todo tuyos si perteneces a la familia de Dios por medio de Jesucristo, y están a tu alcance. Señala de manera específica cómo y cuándo buscarás al Señor para recibir estos recursos.

## *Respuesta del corazón*

¡Mi corazón vuela! ¿Por qué? ¡Porque en tan solo 35 palabras, la pluma de Pablo toca (¿o quizás penetra?) el corazón de cada mujer conforme al corazón de Dios! El triple desafío de ser verdaderamente un *siervo*, un *santo* y el poseedor de sus *recursos sobrenaturales* de gracia y paz es tan arrollador que me alegra solo haber tratado estos dos breves versículos para empezar nuestra búsqueda de la paz Dios. Sé que realmente quiero ser una sierva del Señor, una que no tiene otro amo (¡ni otra vida!) aparte de Él, una que está completamente "rendida". Y también anhelo ser apartada. La santidad es algo en lo que medito mucho y con profundidad, y algo por lo que oro con fervor. Creo que este llamado de Dios a un estilo de vida rendido y apartado debe llevarnos a ti y a mí, como mujeres de Dios, a evaluarnos y examinarnos a nosotras mismas (2 Co. 13:5). Debemos buscar al Espíritu Santo (Gá. 5:16) y la Palabra de Dios para revelar lo que no es santo y desagrada a nuestro Señor. Y, sin duda, cabe recordar (con mayor frecuencia) que debemos buscar al Señor y echar mano de su gracia y su poder en cada situación. ¡Están a tu alcance, querida amiga! Dios ya las dio. Ya proveyó. Y así llegamos a experimentar la paz que tanto anhelamos. ¡Me alegra haber reflexionado en estos dos primeros versículos para contemplar estas verdades transformadoras!

# Lección 3

# Da gracias por otros

Imagínate que estás sentada, en cadenas, sola, lejos de tus conocidos, lejos de tus seres queridos, y a la espera de un veredicto que determinará si has de vivir o morir. Estas condiciones de soledad y potencialmente aterradoras describen la situación de Pablo que veremos en la lección de hoy. Y, aun así, Pablo alcanzó la paz completa cuando dirigió sus pensamientos, su alma y sus oraciones al cielo, y pensó en otros antes que en sí mismo.

Tú también puedes tener esta misma paz admirable frente a cualquier dificultad. Muchas mujeres se quedan solas, algunas durante días, otras en las noches, y algunas durante días y noches. Muchas de nosotras nos vemos obligadas a pasar una gran cantidad de tiempo lejos de amigos y seres queridos. Y un sinnúmero de mujeres están a la espera de algún veredicto (de un examen de cáncer, de un abogado, de esposos, de empleadores) que lleve sus vidas hacia nuevas y a menudo inciertas direcciones.

¿No te alegra que la Palabra de Dios nos muestre, a través de las circunstancias lamentables del apóstol Pablo, una forma maravillosa de experimentar la perfecta paz de Dios aun en medio de nuestros problemas? Anota las tres perspectivas que redundaron en gran gozo y paz mental para Pablo. Y recuerda... ¡lo mismo harán por ti!

## *Filipenses 1:3-8*

3   Doy gracias a mi Dios siempre que me acuerdo de vosotros,

4   siempre en todas mis oraciones rogando con gozo por todos vosotros,

5   por vuestra comunión en el evangelio, desde el primer día hasta ahora;

6   estando persuadido de esto, que el que comenzó en vosotros la buena obra, la perfeccionará hasta el día de Jesucristo;

7   como me es justo sentir esto de todos vosotros, por cuanto os tengo en el corazón; y en mis prisiones, y en la defensa y confirmación del evangelio, todos vosotros sois participantes conmigo de la gracia.

8   Porque Dios me es testigo de cómo os amo a todos vosotros con el entrañable amor de Jesucristo.

## *De la Palabra de Dios...*

1. ¿Qué hace Pablo cuando recuerda a los creyentes filipenses (v. 3)?

¿Cómo ora él por estas personas que están tan lejos (vv. 4-6)?

Versículo 4: Con

Versículo 5: Por

Versículo 6:

2. ¿Qué aprendes acerca del carácter de Dios en el versículo 6?

3. ¿Cómo describirías los sentimientos de Pablo hacia sus hermanos en la fe (vv. 7-8)?

## *...a tu corazón*

Como dije anteriormente, hay tres perspectivas maravillosas que ayudaron a Pablo a experimentar paz mental:

* *Una actitud positiva*
  Por lo general, ¿qué piensas de los demás? ¿Eres positiva? ¿Mezquina? ¿Quisquillosa? ¿Compasiva? Anota las características que describen por lo general tus pensamientos.

Ahora bien, ¿necesitas hacer un esfuerzo deliberado por alimentar una actitud más positiva hacia otros? Analiza de nuevo Filipenses 1:3-8 y anota rápidamente algunas prácticas o perspectivas del corazón de Pablo que puedan ayudarte.

• *Una promesa a la cual aferrarse*
Escribe aquí el versículo 6:

En una o dos palabras, ¿qué efecto causó en Pablo esta promesa en la situación que vivía?

¿Cómo afectó esta promesa los pensamientos que tenía Pablo respecto a las personas que estaban tan lejos, personas que quizás nunca volvería a ver?

¿Conoces a un creyente querido que está lejos de ti, ya sea física, emocional o espiritualmente? ¿Cómo puede la promesa del versículo 6 darte paz mental?

• *Un corazón decidido*
¿Qué revela el versículo 8 acerca del corazón de Pablo hacia quienes conocía, y cómo puedes cultivar un corazón semejante?

## Respuesta del corazón

¡Oh, si pudiéramos aprender la fórmula de Pablo para tener paz, y aprenderla bien! Bajo las terribles circunstancias que vivía pudo experimentar la paz de Dios manifestando interés por otros. Como puedes ver, él tuvo *una actitud positiva, una promesa de Dios* a la cual aferrarse, y *un corazón decidido*.

Hay algo más que Pablo hizo: buscó a Dios, a nuestro maravilloso Dios que es el autor y perfeccionador de todo lo que

Él empieza, ¡nuestro Dios omnisciente que ve el resultado final como algo perfecto y completo! Dios vio a las personas que hacían parte de la vida de Pablo como ellas *serían*, y Pablo procuró hacer lo mismo. Nosotras podemos descansar también en este mismo hecho: que Dios ve a las personas de nuestra vida como ellas *serán* (¡y también así nos considera a nosotras!).

Así pues, amada, para experimentar el poder de la paz en cada situación, empieza con acción de gracias. ¿Sabías que la acción de gracias es un acto deliberado? Es una decisión que tomas. Y dar gracias es también un mandato de Dios. Su Palabra nos dice que debemos dar gracias *siempre* y por *todas* las cosas, en *todo* y *para siempre* (Ef. 5:20; 1 Ts. 5:16, 18). Y la decisión de hacerlo, de dar gracias sin importar las circunstancias (o la situación), ejerce un efecto poderoso sobre nuestra actitud… y nuestra paz.

"Y la paz de Dios, que sobrepasa todo entendimiento" (Fil. 4:7) está, en efecto, a nuestra disposición. ¿Por qué no dar gracias por ello?

# Lección 4

# Ora por otros

Toda mujer cristiana ora por aquellos a quienes ama y son importantes para ella. Sin embargo, es fácil caer en la costumbre de orar solo por las cosas *temporales* en la vida de nuestros seres queridos. No requiere mucho esfuerzo pedir a Dios que bendiga a otros en sus finanzas o en su salud. Fácilmente nos descubrimos orando de manera rutinaria por los hijos de nuestros amigos, por otros creyentes que buscan vivienda, por la elección de una universidad o la búsqueda de empleo. A esto le siguen oraciones diarias por las pequeñeces de la vida como un lugar para aparcar, conseguir precios de ganga, que nuestros hijos duerman una buena siesta, o seguridad para todos.

En cambio, Pablo, el fiel siervo de Dios, nos muestra una manera más relevante de orar por aquellos a quienes conocemos y amamos. Cuando medites en Filipenses 1:9-11 y en el contenido de la oración de Pablo por sus amados amigos filipenses, recuerda la situación que experimenta en ese momento en su propia vida. Pablo es un preso que espera su sentencia. Sin embargo, en lugar de concentrarse en sus problemas personales, Pablo experimenta la paz de Dios al pensar en otros. Eso nos remite al contenido de sus oraciones a favor de los filipenses. Difícilmente es lo que llamaríamos una "oracioncita", una oración por salud, riqueza y felicidad. No. Pablo eleva una "oración adulta" por sus amados amigos, la oración de un hombre que sabe lo que realmente importa en la vida y para el alma.

Lee... saborea... y recuerda esta oración excepcional por aquellas cosas verdaderamente sustanciales a favor de estos hermanos a quienes Pablo amaba. Escucha cómo presenta sus vidas delante del Dios Todopoderoso.

## *Filipenses 1:9-11*

9  Y esto pido en oración, que vuestro amor abunde aun más y más en ciencia y en todo conocimiento,

10  para que aprobéis lo mejor, a fin de que seáis sinceros e irreprensibles para el día de Cristo,

11  llenos de frutos de justicia que son por medio de Jesucristo, para gloria y alabanza de Dios.

## *De la Palabra de Dios...*

1. ¿Cuál es la primera petición de Pablo a favor de los filipenses (v. 9)?


¿Cuáles son las dos cualidades que él desea para ellos en este aspecto (v. 9)?

2. ¿Cuáles son dos maneras en que nos afecta aquí y ahora la aprobación de lo mejor (v. 10)?

3. Menciona la fuente de los frutos de justicia (v. 11).

Observa también cuál es el resultado final de estos frutos (v. 11).

4. Llena los espacios en blanco: Pablo ora...

QUE el _____ de los filipenses _____
aun más y _____ en _____
PARA QUE aprueben _____
A FIN DE QUE sean _____ e _____
PARA _____ y _____
de Dios.

5. Resume en pocas palabras el contenido de la oración de Pablo por sus amigos.

## ...a tu corazón

Las palabras de Pablo no solo se aplican a nuestras oraciones por otros, sino también a las que hacemos por nosotras mismas:

• *Oraciones por otros.* Con base en la oración de Pablo por los filipenses, ¿qué cambios crees que puedes hacer en el contenido de tus oraciones a favor de aquellos a quienes conoces y amas?

- *Oraciones por ti misma.* ¿En qué aspecto de la oración de Pablo por la excelencia en el ámbito espiritual podrías enfocarte para alcanzar un mayor crecimiento en tu propia vida como cristiana?

- *Oraciones por otros y por ti misma.* ¡No olvides orar por conocimiento y discernimiento! El amor no es pura emoción. ¿Qué harás *tú* para crecer en conocimiento y discernimiento?

- *Acerca de la oración.* Vale la pena examinar la naturaleza y el contenido de nuestras oraciones por otros y por nosotras mismas. Pero si no somos mujeres de oración, la noble esencia de la oración de Pablo aquí en Filipenses 1:9-11 nunca se manifestará a favor de las vidas del pueblo de Dios. Te pido que consideres seriamente esta idea de la importancia de la oración comparada con las muchas otras "cosas" que solemos hacer con nuestro tiempo.

*S*i estamos dispuestos a pasar un sinnúmero de horas para aprender a tocar el piano, operar una computadora, o pilotar un avión, es absurdo pensar que podemos aprender el sublime arte de buscar la dirección en la comunión con el Señor sin estar dispuestos a consagrar tiempo a ello. No es casual que la Biblia se refiera a la oración como a una forma de esperar en Dios.[4]

—Paul Rees

¿*Cuándo* vas a orar, querida? Anota aquí una hora... ¡y *ora*!

## Respuesta del corazón

Y esto oro yo, querida amiga y hermana en Cristo, por ti y por mí:

Oro porque aprendamos la disciplina de elevar nuestros pensamientos y nuestras oraciones, nuestros propósitos y nuestras vidas, al cielo, a lo alto, mucho más allá de lo rutinario y lo mundano.

Oro porque crezcamos y nos convirtamos en mujeres de oración que apartan tiempo para orar en lo secreto cada día, todos los días, sin afán.

Oro porque otros puedan animarse al saber que oramos por ellos, y al saber *qué* pedimos para ellos.

Oro porque oremos como Pablo, usando estos tres dulces y completísimos versículos como nuestra guía en la intercesión por otros.

Oro porque nuestras vidas den gloria y alabanza a nuestro Señor Jesucristo y Dios, nuestro Padre; que nuestras vidas sean llenas de frutos de justicia, fruto que abunde para bendecir a otros y para ser un reflejo digno de nuestro Salvador.

Oro porque recordemos los pensamientos y las verdades de la oración de Pablo.

Amén.

# Lección 5

# Florece donde
# estás plantada

*C*uando se piensa en las metas en la vida a largo plazo, la mayoría de las personas imaginan un futuro lleno de seguridad, comodidad, longevidad y riqueza, una buena vida. Sin embargo, esta buena vida terrenal no fue lo que tuvo Pablo, siervo de Dios. En la Lección 6 veremos que Pablo declara: "para mí el vivir es Cristo" (Fil. 1:21). Para Pablo no había otra opción aparte de usar su vida en completo servicio sacrificado.

Sin embargo, por ahora veamos uno de los secretos de Pablo para experimentar paz. Veamos exactamente cómo gozó en abundancia de la paz de Dios aun en medio de lo que parecía una tragedia. Cuando leas este precioso pasaje de las Escrituras, observa las muchas formas en las que Pablo "floreció donde estaba plantado", ¡aun cuando estaba "plantado" en una prisión!

## *Filipenses 1:12-18a*

12 Quiero que sepáis, hermanos, que las cosas que me han sucedido, han redundado más bien para el progreso del evangelio,

13 de tal manera que mis prisiones se han hecho patentes en Cristo en todo el pretorio, y a todos los demás.

14 Y la mayoría de los hermanos, cobrando ánimo en el Señor con mis prisiones, se atreven mucho más a hablar la palabra sin temor.

15 Algunos, a la verdad, predican a Cristo por envidia y contienda; pero otros de buena voluntad.

16 Los unos anuncian a Cristo por contención, no sinceramente, pensando añadir aflicción a mis prisiones;

17 pero los otros por amor, sabiendo que estoy puesto para la defensa del evangelio.

18 ¿Qué, pues? Que no obstante, de todas maneras, o por pretexto o por verdad, Cristo es anunciado; y en esto me gozo...

## De la Palabra de Dios...

1. Quizás al imaginar que sus amigos se habían enterado de sus sufrimientos como preso en cadenas, Pablo volvió el saludo (vv. 1-11) en "noticias misioneras". ¿Qué es lo primero que quiere él que sepan los lectores de su "carta", la epístola a los Filipenses, acerca de su encarcelamiento (v. 12)?

¿Cuál es la condición personal de Pablo (v. 13)?

¿Quiénes son sus espectadores (v. 13)?

2. En su comunicado acerca de lo que acontecía en su vida, Pablo describe los dos grupos que predican el evangelio de Cristo en ausencia de Pablo mientras se encuentra encarcelado. Examina de nuevo los versículos 15-17 y, en pocas palabras, describe los grupos y sus diferentes estilos de predicar el evangelio.

*Los amigos de Pablo:*

*Los enemigos de Pablo:*

3. Si bien estos dos grupos diferían en sus motivos y en los medios que utilizaban para comunicar las buenas nuevas de Jesucristo, ¿cuál era el resultado común (v. 18)?

¿Cuál fue la actitud de Pablo ante dicho resultado (v. 18)?

## ...*a tu corazón*

• La actitud de Pablo frente a su situación, a pesar de sus cadenas, de la prisión y de no poder ejercer un ministerio público, era increíblemente positiva. Su última declaración acerca de sus circunstancias providenciales y de la forma como Dios las usó fue "en esto me gozo" (v. 18). He aquí algunos de los "buenos" resultados de la "mala" situación de Pablo:

—Pablo pudo gozar del privilegio de dar testimonio personal y poderoso a la élite de la guardia romana (v. 13). Siempre estuvo encadenado a un guardia del pretorio, la guardia imperial de Roma. Cada seis horas cambiaban su guardia. Esto sucedió 365 veces al año durante dos años. Si son cuatro guardias al día, ¡Pablo tuvo 2.920 oportunidades para hablar uno a uno acerca de Jesús! Tal vez algunos de estos soldados que eran enviados por todo el Imperio romano esparcían el mensaje de Jesucristo que oyeron de labios del prisionero Pablo. ¡Vaya ministerio! Es una obra que Pablo no hubiera logrado de no haber estado bajo guardia.

—Pablo, estando prisionero, tuvo tiempo para escribir esta maravillosa y alentadora epístola que bendijo a la iglesia filipense, y extiende su bendición de aliento hasta nosotras hoy. Los cuatro elocuentes capítulos de este pequeño libro han llevado gozo, fe, esperanza, amor y paz a los cristianos ¡por más de 2.000 años!

—Puesto que Pablo predicó el evangelio en cadenas (v. 13), otros pueden sentirse inspirados a unirse a su proclamación. Sus cadenas también le dieron acceso a la flor y nata del ejército romano, mientras su ausencia creó una necesidad (¡y una oportunidad!) para que otros se dispusieran a llenar el vacío.

—Sin importar cómo o por qué el evangelio se predicaba o quién lo predicaba, de cualquier manera, Cristo era predicado (v. 18).

2. Los privilegios siempre acarrean responsabilidades. Según Pablo, ¿cuáles son las cuatro responsabilidades de todo cristiano (v. 2)?

a.

b.

c.

d.

3. Pablo presenta dos exhortaciones, tanto en términos positivos como negativos (v. 3, 4). Completa la tabla:

|  | Qué no hacer | Qué hacer |
|---|---|---|
| (Versículo 3) |  |  |
| (Versículo 4) |  |  |

## ...*a tu corazón*

• Cuando mi hija Courtney me dijo que estaba memorizando el libro de Filipenses, ya había empezado el capítulo 2, los mismos versículos que estudiamos ahora. Recuerdo haberle dicho lo que significa el versículo 1 (y cómo podría leerse): "Por tanto, si hay alguna consolación en Cristo [¡y por supuesto que la hay!], si algún consuelo de amor [¡y por supuesto que lo hay!], si alguna comunión del Espíritu [¡y por supuesto que la hay!], si algún afecto entrañable, si alguna misericordia [¡y por supuesto que los hay!]...".

Es cierto. Pablo expresa aquí que todo cristiano ha recibido la consolación en Cristo, el consuelo de amor, la comunión del Espíritu, el afecto entrañable y la misericordia de Dios. Por lo tanto, podemos animarnos y consolarnos, y saber que somos amados... ¡en todo tiempo y en todo lugar!

¿Cómo te ministran estas verdades en tus circunstancias y necesidades particulares?

• En el versículo 3, Pablo nos dice cómo los filipenses (y nosotros) podemos estar "unánimes, sintiendo una misma cosa" (v. 2): "estimando cada uno a los demás como superiores a él mismo". La humildad, por consiguiente, es clave para las relaciones pacíficas con otros y para alcanzar la unidad pacífica en la iglesia. Una "mente humilde" es una gracia característica del cristiano, y la armonía y la unidad no pueden alcanzarse sin ella.

¿Puedes citar alguna estrategia para cultivar la humildad en tu manera de pensar acerca de ti misma?

## Respuesta del corazón

Cuando pienso en la humildad, no puedo evitar pensar en las flores. Son hermosas, agradables y encantadoras; y cuanto más crecidas y más grandes son, más se inclinan sus cabezas. También nosotras gozamos y nos beneficiamos de los agradables perfumes que se extraen de ellas al molerlas. ¡Qué maravillosa imagen de la humildad! En nuestro anhelo por tener la exquisita y escasa gracia de la humildad, nos preguntamos cómo podemos adquirir esa belleza. ¿Cómo podemos cultivar un

# Lección 10

# Vive como Pablo

$\mathcal{L}$a paternidad es una tarea asignada por Dios que siempre está acompañada de un sinnúmero de sueños, anhelos y oraciones. Con un corazón rebosante de amor por tus queridos hijos, te esfuerzas durante los años formativos para asegurar que la verdad, los valores, la educación y la disciplina sean impartidos en abundancia. Se elevan oraciones a cada momento, día a día, año tras año, para que el resultado final de tu amor y labor sea que ellos, te preguntas, crezcan para… ¿amar al Señor?… ¿seguir los caminos de Dios?… ¿escuchar la Palabra de Dios?… ¿se conformen a la imagen de Cristo?… ¿conduzcan a otros al Salvador?

Al aproximarnos a estos versículos prácticos de la mente de Dios, resulta útil tener en cuenta que Pablo imparte aquí una lección de paternidad. Él ya había establecido antes un trabajo preliminar en las vidas de los lectores, sus "amados" hijos en Filipos. Y ahora que está lejos de ellos, les pide que estén seguros de llevar a cabo en sus vidas los logros espirituales que hagan evidente su fe en su Salvador. ¡Cuánto anhela que sus vidas den fruto!

Presta mucha atención a su exhortación para sus hijos espirituales.

## *Filipenses 2:12-18*

12 Por tanto, amados míos, como siempre habéis obedecido, no como en mi presencia solamente, sino mucho más ahora en mi ausencia, ocupaos en vuestra salvación con temor y temblor,

13 porque Dios es el que en vosotros produce así el querer como el hacer, por su buena voluntad.

14 Haced todo sin murmuraciones y contiendas,

15 para que seáis irreprensibles y sencillos, hijos de Dios sin mancha en medio de una generación maligna y perversa, en medio de la cual resplandecéis como luminares en el mundo;

16 asidos de la palabra de vida, para que en el día de Cristo yo pueda gloriarme de que no he corrido en vano, ni en vano he trabajado. 17 Y aunque sea derramado en libación sobre el sacrificio y servicio de vuestra fe, me gozo y regocijo con todos vosotros.

18 Y asimismo gozaos y regocijaos también vosotros conmigo.

## *De la Palabra de Dios...*

Durante siglos, este pasaje ha sido objeto de mucha controversia. Sin embargo, para esta parte de nuestra lección, copia por favor en tus respuestas el texto bíblico "de la Palabra de Dios".

1. Los filipenses siempre habían hecho lo que Pablo les había pedido cuando él estaba con ellos; ahora, en su ausencia, les pide la misma obediencia fiel. ¿Qué es exactamente lo que les pide hacer (v. 12)?

 *¿Por qué* lo pide (v. 13)?

 *¿Cómo* les pide hacerlo (v. 14)?

2. Pablo también tenía una razón para lo que pedía de los filipenses, un porqué: quería que ellos resplandecieran "como luminares en el mundo" en evidente contraste con las tinieblas del mal (vv. 15-16). Llena la siguiente tabla con los contrastes que son evidentes:

| Hijos de Dios | Hijos del mundo |
|---|---|
| 1. (versículo 15) | 1. (versículo 15) |
| 2. (versículo 15) | 2. (versículo 15) |
| 3. (versículo 15) | |
| 4. (versículo 16) | |

3. En seguida, Pablo pasa a hablar de su propio sufrimiento. ¿Cuál es su actitud frente a él (v. 17)?

¿Qué actitud quería él que sus amigos tuvieran frente al sufrimiento (v. 18)?

## ...*a tu corazón*

• Tal vez los amigos de Filipos dependían demasiado de la presencia y la dirección de Pablo. Ahora que Pablo está lejos de ellos, él se dispone a recordarles a quién sirven realmente... y por qué: "porque *Dios* es el que en vosotros produce así el querer como el hacer, por *su* buena voluntad" (v. 13, cursivas añadidas). Su tarea de parte de Dios, no de Pablo, era que se ocuparan de su salvación, de llevarla a buen término y de aplicarla en el diario vivir. Su responsabilidad era procurar activamente la obediencia (v. 12). La responsabilidad de Dios era producir el fruto espiritual en sus vidas (v. 13) en virtud de su entrega a Él.

¿Y qué de ti, querida? Pregúntate primero si hay alguien, o un grupo de personas, que puedan animarte en tu andar y en tu obra espiritual. ¡Gracias a Dios por los buenos amigos cristianos... y dales gracias también!

En segundo lugar, recuerda las palabras de Jesús que dijo: "Yo soy la vid, vosotros los pámpanos; el que permanece en mí, y yo en él, éste lleva mucho fruto; porque separados de mí nada podéis hacer" (Jn. 15:5). Da gracias a Dios por su Espíritu Santo y su fruto en tu vida.

Tercero, toma la determinación de obedecer al Señor en tu vida diaria. ¿Buscas activamente la obediencia? ¿Cómo puedes buscarla hoy?

• Un buen maestro siempre se adelanta a las preguntas de sus estudiantes, ¡y Pablo es un maestro extraordinario! Al señalar a sus amigos filipenses el ejemplo supremo de humildad y sacrificio, que es la muerte de nuestro amado Señor (2:5-11), quizás imaginó las objeciones de ellos: "Sí, pero... ¡ese fue Jesús! ¡Seguramente no esperarás que nos comportemos como Él! Es que... ¡Jesús fue perfecto!".

Si eso es lo que los lectores de la epístola a los Filipenses estaban pensando (y tú, querida amiga), Pablo desarticula sus objeciones señalando "el sacrificio y el servicio" de *su* fe... sobre la cual él derramaba su vida como sacrificio. Como la ofrenda de vino derramado ("la libación" del Antiguo Testamento, v. 17), Pablo derrama su vida sobre el altar del sacrificio. La imagen aquí es la gloriosa llama que se produce cuando la ofrenda de vino es rociada sobre el fuego en el altar del sacrificio.

## *Respuesta del corazón*

He mencionado antes a Louis Talbot y, también a su esposa, Carol Talbot. Después de la muerte de su esposo, Carol Talbot escribió una biografía de la vida de Louis titulada *For This I Was Born!* [¡Para esto he nacido!]. Me encanta leer sobre la vida fascinante e inspiradora de este gran santo, predicador y fundador de un instituto bíblico y seminario, pero me encanta especialmente el título. ¡Qué maravilloso es poder saber y decir que "¡para esto he nacido!".

¿Sabes cuál es tu propósito, querida? ¿Puedes declarar con valentía "¡para esto he nacido!" y saber lo que "esto" significa? Para mí, saber qué es "esto" constituye algo por lo cual oro cada día; saber lo que soy en Cristo y a lo que Él me ha llamado ser (¡y a sacrificar!) por Él y por su pueblo. Jesús dijo claramente: "Yo para esto he nacido" (Jn. 18:37). Y Pablo, aquí en Filipenses 2:17-18, nos muestra cómo es una vida de propósito y sacrificio. ¿Estás viviendo tu propósito para complacencia de Dios, estando dispuesta a sacrificarte sin murmurar ni contender?

# Lección 11

# Vive como Timoteo

## Filipenses 2:19-24

¿Alguna vez has dicho "si, pero..."? Es asombroso cómo dos pequeñísimas palabras pueden enviar un mensaje tan fuerte de falta de fe o de entendimiento. En nuestra última lección imaginamos que tal vez los filipenses pensaban en el ejemplo de sacrificio de Jesús a favor de otros en términos de "sí, pero... ¡eso fue *Jesús*!". Vimos cómo Pablo señaló que *él* era "derramado en libación sobre el sacrificio y servicio de [su] fe" (v. 17). En otras palabras, *tanto* él *como* los filipenses ofrecían sus vidas en sacrificio y fidelidad.

En seguida, Pablo procede a dar un tercer ejemplo de servicio sacrificado. Señala a Timoteo, su asistente y compañero de viajes, y parece decir: "Muy bien, he aquí otra persona que piensa en otros y no en sí mismo".

Cuando leas la descripción que hace Pablo de Timoteo, ten presente los siguientes hechos acerca de Timoteo. Él era:

- Hijo de padre griego que no era creyente en Cristo (Hch. 16:3).

- Hijo de madre judía, Eunice, y nieto de Loida (2 Ti. 1:5).

- Hijo de Pablo en el Señor (1 Co. 4:17).
- Compañero de Pablo en la cárcel en Roma (Fil. 1:1).
- Asistente de Pablo en el momento de escribir al menos cinco de sus cartas.

## *Filipenses 2:19-24*

¹⁹ Espero en el Señor Jesús enviaros pronto a Timoteo, para que yo también esté de buen ánimo al saber de vuestro estado;

²⁰ pues a ninguno tengo del mismo ánimo, y que tan sinceramente se interese por vosotros.

²¹ Porque todos buscan lo suyo propio, no lo que es de Cristo Jesús.

²² Pero ya conocéis los méritos de él, que como hijo a padre ha servido conmigo en el evangelio.

²³ Así que a éste espero enviaros, luego que yo vea cómo van mis asuntos;

²⁴ y confío en el Señor que yo también iré pronto a vosotros.

## De la Palabra de Dios...

1. Después de leer estos maravillosos versículos, describe la relación de Timoteo con Pablo.

2. En tus propias palabras, anota algunas de las cualidades del carácter de Timoteo.

3. ¿En qué se diferenciaba Timoteo de otros a quienes Pablo conocía (v. 21)?

## ...*a tu corazón*

• Lee de nuevo Filipenses 2:5-8. ¿Cómo demuestra Timoteo la actitud y la mente de Cristo?

• Describe la importancia de la humildad cuando se ministra a otros.

• ¿Y qué de ti, querida amiga? ¿Qué conducta, lealtad, amor o sacrificio puedes extraer hoy del ejemplo de Timoteo para empezar a cultivar en tu propia vida el servicio humilde al pueblo de Dios?

## *Respuesta del corazón*

El espectacular retrato de Timoteo en este pasaje de las Escrituras trae convicción a mi alma. ¿Cómo podemos, querida amiga, vivir más como Timoteo?

• Primero, sométete a Dios. Tú eres su sierva.

- Segundo, debemos someternos los unos a los otros. Tal vez para volvernos como Timoteo tengamos que someternos primero a Pablo. Timoteo sirvió junto con Pablo en el evangelio. ¿Tenemos alguien con quién servir hombro con hombro? ¿Hay una mujer mayor u otra hermana a quien ayudas en su servicio al Señor?

- Tercero, crece en tu capacidad de servir. Amada, necesitamos afilar nuestras destrezas y actitudes ministeriales. Tenemos que fortalecer nuestra fe. Tenemos que aumentar nuestro conocimiento de las Sagradas Escrituras. A medida que pasamos tiempo con un consejero, en el ministerio, y en oración y estudio de la Biblia, maduramos en nuestra capacidad de servir. (Y recuerda que, en el momento de escribirse Filipenses, ¡Timoteo había estado más de diez años en el equipo ministerial de Pablo!).

- Cuarto, conténtate con ser "segundo violín". En el ministerio, la armonía se produce cuando todos buscan ser siervos.

*D*urante una entrevista con el famoso director de orquesta Leonard Bernstein, el periodista preguntó: "Señor Bernstein, ¿cuál es el instrumento más difícil de tocar?". Con mucha chispa, Bernstein respondió: "Segundo violín". Entonces añadió: "Puedo conseguir muchos primeros violines, pero encontrar a uno que toque segundo violín con el mismo entusiasmo, o segundo corno o segunda flauta, eso sí es un problema. Aún así —añadió—, si nadie toca de segundo, no hay armonía".[12]

• *Quinto, firma la siguiente declaración.* ¿Podrías firmar la siguiente declaración que recibió un grupo de participantes a una conferencia?

Para ti, Señor...

lo que sea
donde sea
cuando sea
al precio que sea.

_____

Firma aquí

Timoteo fue un santo y un siervo admirable. De incalculable valor e irreemplazable porque su único deseo fue servir a Pablo y a Jesucristo. Se contentaba con ocupar un segundo lugar, siempre y cuando pudiera servir al Señor. ¡Que Dios nos haga más como Timoteo!

# Lección 12

# Vive como Epafrodito

## Filipenses 2:25-30

¿Alguna vez has escuchado la presentación de una persona importante, tal vez de un orador o de un nuevo directivo? Por lo general, se hacen comentarios halagadores. Pues bien, la lección de hoy nos presenta a otra persona que imitó el servicio sacrificado de Jesús. Pablo ya nos ha señalado el ejemplo supremo de Jesús al sacrificarse por nosotros. Después, desde su prisión, declaró que él mismo derramaba su vida en sacrificio sobre la ofrenda de los filipenses. En seguida, Pablo elogia a Timoteo, su "gemelo" en la fe, el hombre a quien consideraba tener ideas afines a las suyas. Sí, Timoteo se interesaba sinceramente por los filipenses y, a diferencia de otros que se preocupaban solo por sí mismos, sacrificó todo lo necesario a favor de los hermanos de la iglesia en Filipos.

Tal vez... es posible... que una vez más... los lectores filipenses pronunciaran aquellas dos tristes palabras: "Sí, pero..." y luego añadieran "...¡es Timoteo! Él camina contigo, Pablo, y habla contigo. ¡Cuenta nada más sus muchas bendiciones y privilegios!". Pues bien, querida, si eso fue así, Pablo tenía un desafío por delante. Tenía una persona más a cuyo ejemplo de conducta cristiana y servicio podían mirar sus amigos en Filipos, y era un hombre como cualquiera de ellos: Epafrodito. De hecho, Epafrodito era de su propia congregación. Observa el hermoso lenguaje que usa Pablo para describir a Epafrodito, cuyo nombre significa *bello*. ¡Y qué bella persona era!

## *Filipenses 2:25-30*

25 Mas tuve por necesario enviaros a Epafrodito, mi hermano y colaborador y compañero de milicia, vuestro mensajero, y ministrador de mis necesidades;

26 porque él tenía gran deseo de veros a todos vosotros, y gravemente se angustió porque habíais oído que había enfermado.

27 Pues en verdad estuvo enfermo, a punto de morir; pero Dios tuvo misericordia de él, y no solamente de él, sino también de mí, para que yo no tuviese tristeza sobre tristeza.

28 Así que le envío con mayor solicitud, para que al verle de nuevo, os gocéis, y yo esté con menos tristeza.

29 Recibidle, pues, en el Señor, con todo gozo, y tened en estima a los que son como él;

30 porque por la obra de Cristo estuvo próximo a la muerte, exponiendo su vida para suplir lo que faltaba en vuestro servicio por mí.

# De la Palabra de Dios...

1. ¿Cómo describe Pablo a Epafrodito en relación consigo mismo (vv. 25, 30)?

¿Y con los filipenses (vv. 25, 30)?

2. ¿Cuál había sido la condición física de Epafrodito (vv. 26-27) y qué cambió esa situación (v. 27)?

3. ¿Cuáles son los dos propósitos que cumpliría el envío de Epafrodito (v. 28)?

4. ¿Qué papel jugó Epafrodito en nombre de los filipenses y en la vida de Pablo (v. 30)?

# ...a tu corazón

• Lee de nuevo Filipenses 2:5-8. ¿Cómo presenta Pablo la actitud y la mente de Cristo?

- ¿Puedes seguir el "círculo de amor" que traza este pasaje de las Escrituras?

  Los filipenses cuidaban de Pablo, así que...
  Los filipenses enviaron a Epafrodito para ayudarle.
  Epafrodito, en el transcurso de su ministerio a Pablo, se enfermó de muerte.
  Los filipenses se enteraron de su enfermedad y se preocuparon por Epafrodito.
  Epafrodito se inquietó entonces por la preocupación de los filipenses acerca de él.
  A Pablo le importaba tanto Epafrodito y los filipenses que...
  Pablo envió a Epafrodito de vuelta a los filipenses.

  ¿Te das cuenta del cuidado amoroso manifestado aquí? Así debe funcionar el cuerpo de Cristo. Sin importar quiénes somos ni cuál es nuestra posición, estamos llamados a cuidar los unos de los otros, a amarnos, a dar, a ministrar y a sacrificar. ¡Y de esa manera todos se benefician!

  Como ves, este "círculo de amor" se manifestaba *por medio de* las personas y *a* las personas. Los filipenses no podían ir donde estaba Pablo, pero podían enviarle a Epafrodito. Y Pablo no podía ir donde los filipenses, pero podía enviarles a Timoteo y a Epafrodito. Cada uno de estos hombres demostró la presencia y la realidad de Cristo en sus vidas. Cada uno vivía la exhortación de Filipenses 2:5: "haya, pues, en vosotros este sentir que hubo también en Cristo Jesús". ¿Eres partícipe del "círculo de amor" de Dios en lo que respecta a las personas más cercanas a ti? ¿Qué puedes hacer hoy para seguir los pasos de Pablo, Timoteo y Epafrodito en tu servicio a otros?

- ¿Te consideras como uno de estos "bellos" siervos del Señor? Tal vez nuestro servicio nunca se lleve a cabo sobre las plataformas donde estas "estrellas" brillaron para Jesús (2:15). No obstante, tú también estás rodeada de gente que necesita tu servicio desinteresado a la manera de Cristo. ¿Tal vez tienes un esposo, niños pequeños, hijos casados, nietos, padres o suegros, colegas de trabajo, vecinos y amigos que necesitan el toque amoroso y sacrificado de un Jesús, un Pablo, un Timoteo y un Epafrodito? ¿Por qué no seguir los pasos de nuestro amado Señor y de estos tres discípulos fieles? Adopta el papel de sierva, despójate de ti misma, humíllate (2:7-8), y busca servir y ayudar a los que encuentras en tu camino. "Haya, pues, en vosotros este sentir que hubo también en Cristo Jesús" (2:5). Escribe cómo vas a empezar.

## *Respuesta del corazón*

Tengo que reconocer que yo misma he tenido el pensamiento de "Sí, pero…", con respecto a este pasaje. Sin embargo, mi objeción suena más como: "Sí, pero… ¡Pablo, Timoteo y Epafrodito eran *hombres*! ¿Existe algún ejemplo de una *mujer* que pueda considerar?".

¡Gracias al Señor que su Palabra abunda en mujeres que dejaron un gran ejemplo de servicio desinteresado! Piensa tan solo en Ester, la sunamita, Priscila y Dorcas. (De hecho, estas nobles mujeres son tan valiosas para mí que he escrito un libro que describe detalladamente los sacrificios que hicieron más de cien mujeres maravillosas de fe como ellas).

Sin embargo, en tiempos más recientes, podemos considerar a Amy Carmichael. Como mujer soltera y misionera en la India a finales de 1800 y comienzos de 1900, esta querida dama no paró por un instante su servicio en la misión durante 55 años. No. Como la mujer que escribió esta oración:

Que no me considere a mí misma poco capaz.
Hazme tu combustible, llama de Dios,

Amy Carmichael derramó su vida por causa del evangelio y en servicio a los demás. La organización que ella fundó, la comunidad Dohnavur, brindó hogares a los niños y niñas que rescató de la servidumbre y la vergüenza que vivían en los templos hindúes.

Querida hermana, nosotras también estamos llamadas a servir desinteresadamente en los diferentes lugares en los que Dios nos ha puesto. Que tú y yo podamos descubrir el gozo del que habló Pablo en el versículo 17 cuando dijo: "me gozo". O "aunque sea derramado en libación sobre el sacrificio y servicio de vuestra fe, me gozo y regocijo con todos vosotros".

# Lección 13

# Advertencia al rebaño

## Filipenses 3:1-3

¿**C**uál es tu reacción frente a una señal o un anuncio que incluye esta sola palabra: "¡ADVERTENCIA!"? Nuestra manera de reconocer y reaccionar frente a una advertencia tiene efectos de largo alcance. De hecho, ¡puede salvarnos la vida! Una vez leí acerca de un padre misionero que servía en la selva africana y que vio a su hijo pequeño jugando bajo un árbol. Del árbol colgaba una gigantesca boa constrictor encima de su niño. En su amor y preocupación lanzó un grito de advertencia que salvaría la vida del niño… si tan solo obedecía.

Pues bien, querida amiga, Pablo empieza Filipenses 3 con una advertencia. Como sabes, él amaba a sus hermanos allí en Filipos. Y, en virtud de ese amor, tenía en mente el bien de ellos. Cuando Pablo piensa acerca de ciertos asuntos en la iglesia y problemas que la agobiaban allí, prácticamente él grita: "¡ADVERTENCIA!". Y, tal como sucedió con aquel niñito, los cristianos de Filipos estarían a salvo… si tan solo obedecían.

Es una advertencia breve, pero presta mucha atención. ¡Tu propio bienestar puede depender de ello!

## *Filipenses 3:1-3*

¹ Por lo demás, hermanos, gozaos en el Señor. A mí no me es molesto el escribiros las mismas cosas, y para vosotros es seguro.

² Guardaos de los perros, guardaos de los malos obreros, guardaos de los mutiladores del cuerpo.

³ Porque nosotros somos la circuncisión, los que en espíritu servimos a Dios y nos gloriamos en Cristo Jesús, no teniendo confianza en la carne.

## *De la Palabra de Dios...*

1. ¿Qué maravilloso recordatorio comunica Pablo a los filipenses (¡y a nosotras!) en el versículo 1?



Cuando Pablo se dispone a repetir algo, ¿qué razón expone para la reiteración (v. 1)?



2. Enumera las tres advertencias que Pablo lanza a sus amigos (v. 2):

a.

b.

c.

3. ¿Cuáles son los tres componentes de "la verdadera circuncisión" tal como la describe Pablo (v. 3)?

a.

b.

c.

## ...*a tu corazón*

- Parece que en estos versículos Pablo advierte contra maestros judaizantes. Estos maestros trataban de volver a someter a la iglesia a las rígidas normas de la ley mosaica y a las tradiciones de los judíos. En otras palabras, los cristianos que recibían la salvación por la gracia de Jesucristo eran sometidos de nuevo por estos maestros al legalismo y las reglas contenidas en la ley del Antiguo Testamento, que Dios entregó a Moisés en el libro de Éxodo.

Aunque Pablo escribió estas palabras de advertencia hace casi 2.000 años, todavía existe la tendencia a poner en nuestra vida "reglas" y "obras" inventadas por el hombre y que no son necesarias para los cristianos del Nuevo Testamento que han sido salvados por la gracia de Dios. ¿Cuáles son las "leyes" y las "obras" que le interesan a Dios?

Mateo 22:36-40


Juan 13:34


Romanos 13:8-10

Gálatas 5:22-23

Santiago 2:8

* Algunos datos informativos: "perros" era un apelativo que usaban los judíos para referirse a los gentiles. Este término encerraba la idea de algo impuro o sucio. Por ejemplo, los perros en el mundo antiguo eran carroñeros que se alimentaban de basura e inmundicia, peleaban entre sí y atacaban a los transeúntes. La idea implícita era que estos maestros judaizantes, como perros, comían la basura (es decir, reglas y obras hechas por hombres) de la mesa, en lugar de procurar una vida de obediencia sentados a la mesa del banquete de la gracia de Dios.

  "Malos obreros" eran aquellos culpables de malas acciones. Este término encierra una gran ironía: los judíos, debido a que guardaban la ley mosaica, se consideraban a sí mismos obreros de justicia. Y, aun así, cuando enseñaban a quienes en Cristo habían sido librados de la ley que también debían guardar la ley para ser salvos, se convertían en obreros del mal.

  "Mutiladores" es una referencia a la ley de la circuncisión de la carne tal como se prescribió en la ley del Antiguo Testamento. Sin embargo, como cristianos, ¡nuestros corazones han sido circuncidados! (Ro. 2:29; Col. 2:11).

* Pablo señala que los verdaderos cristianos en Jesucristo, aquellos que han sido salvados y cuyas obras son el fruto *de* su salvación, somos quienes en espíritu servimos a Dios, nos gloriamos en Cristo Jesús y no tenemos confianza en la carne.

  …servimos a Dios en espíritu: nuestra vida espiritual se mueve por el Espíritu Santo.

...nos gloriamos en Cristo Jesús en lugar de gloriarnos en nuestras propias obras.

...no tenemos confianza en la carne, sino que nos gozamos en la gracia de Cristo.

Sé que todo esto ya es bastante para meditar y comprender. Amada, esto es lo esencial: el fundamento de nuestra unión con Cristo nunca son las obras que hacemos, ¡sino la obra que Jesús hizo en la cruz! Como declara Efesios 2:8-9: "Porque por gracia sois salvos por medio de la fe; y esto no de vosotros, pues es don de Dios; no por obras, para que nadie se gloríe".

## *Respuesta del corazón*

¡Detalles y definiciones! Por lo general aturden la mente, ¿no es así? Repasemos simplemente las dos verdades evidentes de estos pocos versículos de advertencia:

*Primero*, debemos obedecer la Palabra de Dios, no las reglas y normas religiosas hechas por los hombres. Debemos procurar vivir nuestras vidas *a la manera de Dios*, andar de un modo digno de nuestro llamado en Él.

*Segundo*, no debemos poner nuestra confianza en la carne. Nada hay que podamos hacer para merecer o para mejorar nuestro estatus delante de nuestro amado Señor. Él, en su gracia y amor, nos ha garantizado que somos sus hijos. ¡Aleluya! ¡Qué maravilloso Salvador!

Querida, esta lección nos llama a la adoración. Y eso es precisamente lo que una mujer como tú y como yo hizo una mañana dominical en 1865. Cuando Elvina Hall se sentó en el balcón del coro de la iglesia metodista Monument Street de Baltimore, el sermón de su pastor la motivó a tomar su himnario y escribir en la solapa del libro las palabras que fluían de su corazón. Su adoración se convirtió en una canción que muchas iglesias todavía cantan hoy día en la comunión: "Todo debo a Él". Así declara con elocuencia este himno de nuestra fe:

Todo debo a Él.
Cristo lo pagó;
de las manchas del pecar,
cual nieve me lavó.

*Modelo de oración:*
Padre, gracias por la provisión que has dado para mi salvación por medio de Cristo. Es todo obra tuya, no mía. Que pueda adorarte en el Espíritu de Dios, glorificarme en tu Hijo Jesucristo, y no poner mi confianza en la carne. Amén.

# Perderlo todo o ganarlo todo

## Filipenses 3:4-7

*E*l apóstol Pablo era en verdad una persona extraordinaria! Una cosa es deducir información a partir del texto bíblico, de la historia y de libros de referencia, y otra muy diferente escucharla de su propia boca. Como sabes, Pablo se refirió a sí mismo como "menos que el más pequeño de todos los santos" (Ef. 3:8). Él dijo: "yo soy el más pequeño de los apóstoles, que no soy digno de ser llamado apóstol" (1 Co. 15:9). Y, al hablar de Jesús que salva a los pecadores, Pablo añadió: "de los cuales yo soy el primero" (1 Ti. 1:15).

Sí, Pablo era poderoso. (De hecho, como maestro y predicador era un orador tan convincente que fue llamado "Mercurio" o "Hermes", como el mensajero de los dioses griegos). Sin embargo, cuando escribió a sus amigos en Filipos, él nos habla de su trasfondo y privilegios, un poco acerca de su crianza, su pedigrí, por así decirlo.

Cuando leas estos pocos versículos que van al grano, recuerda que Pablo acaba de advertir a sus lectores a no tener "confianza en la carne" (3:3). Luego, en este pasaje de las Escrituras, él presenta detalles de algunas de las bendiciones en su propia vida que *podrían* haber sido motivo de "confianza en la carne". Disfruta aprendiendo acerca de Pablo en sus propias palabras... ¡pero no te pierdas el final del mensaje!

## *Filipenses 3:4-7*

⁴ Aunque yo tengo también de qué confiar en la carne. Si alguno piensa que tiene de qué confiar en la carne, yo más:

⁵ circuncidado al octavo día, del linaje de Israel, de la tribu de Benjamín, hebreo de hebreos; en cuanto a la ley, fariseo;

⁶ en cuanto a celo, perseguidor de la iglesia; en cuanto a la justicia que es en la ley, irreprensible.

⁷ Pero cuantas cosas eran para mí ganancia, las he estimado como pérdida por amor de Cristo.

## De la Palabra de Dios...

1. Pablo presenta primero las cuatro ventajas de las que gozó desde su nacimiento. Búscalas en el versículo 5 y enuméralas aquí.

a.

b.

c.

d.

A continuación, Pablo menciona los tres logros en la fe judía de los cuales podía jactarse (vv. 5-6)

a.

b.

c.

2. Sí, Pablo podía haber presumido, jactado o confiado en su herencia y celo para alcanzar la justicia personal… pero ¿cómo veía él sus privilegios y logros comparados con la justicia que viene por la fe en Cristo (v. 7)? Escribe aquí el versículo 7.

## …*a tu corazón*

• Pablo tenía indudablemente muchas ventajas desde su nacimiento, al igual que muchos logros notables. ¡Y tú también! ¿Puedes anotar algunos aquí? ¡No olvides dar gracias a Dios por cada uno de ellos!

• Sin embargo, Pablo conocía la superioridad de confiar en Jesucristo para la salvación, de tener esa justicia "que es por la fe de Cristo" (Fil. 3:9), en lugar de sus bendiciones y logros personales. ¿Cómo consideras tus privilegios y éxitos personales comparados con el valor inestimable de conocer a Jesús? ¿Puedes decir junto con Pablo "cuantas cosas eran para mí ganancia, las he estimado como pérdida por amor de Cristo"?

## *Respuesta del corazón*

Agradezco a Dios que nos haya permitido entrever la pasión de Pablo por Cristo. Pablo era un hombre con un solo deseo: no tener afán alguno en su vida aparte de Cristo. No escatimó renunciar a todo y consagrar su vida a Aquel que lo salvó. Puesto que Jesucristo había obtenido para él justificación, Pablo estimaba como pérdida todo lo demás en su vida. Para Pablo, la "ganancia" de la gracia de Dios era mayor que cualquier "ganancia" en su vida personal.

Sí. Doy gracias a Dios por el ejemplo de Pablo. Y también doy gracias al Señor por el ejemplo de C. T. Studd, un misionero que falleció en 1931. Medita en los detalles de la vida de un hombre que tenía grandes riquezas y ventajas, y aun así estimó todo como pérdida por el privilegio incalculable de conocer a Cristo.

*A* la edad de 16 años, C. T. Studd ya era un jugador experto de críquet, y a los 19 se convirtió en capitán de su equipo en Eton, Inglaterra. Pronto llegó a ser una famosa estrella en el deporte. Pero el Señor tenía otros planes para él, pues, mientras asistía a la Universidad de Cambridge, escuchó predicar a D. L. Moody y experimentó una maravillosa conversión. En poco tiempo dedicó su vida y su riqueza heredada a Cristo, y pasó horas buscando convertir a sus compañeros. Al sentir el llamado de Dios al servicio de tiempo completo, se ofreció ayudar a Hudson Taylor en la obra misionera en China.

Mientras se encontraba en ese país extranjero, C. T. Studd heredó una suma de dinero equivalente hoy a medio millón de dólares. En 24 horas entregó la totalidad de la herencia para invertir en la obra del Señor. Más adelante se vio obligado a regresar a Inglaterra, porque su salud se deterioró y su esposa era inválida. Pero Dios lo llamó de nuevo, esta vez al corazón de África. Se le informó que irse equivaldría a morir pronto. Su única respuesta fue que había estado buscando la ocasión de morir por Jesús "fiel hasta la muerte". Aceptó el llamado de Dios y trabajó hasta que el Salvador lo llevó a casa.[14]

—Paul Lee Tan

¿Cómo están tus cuentas, querida? Pablo y C. T. Studd pudieron haber mantenido un libro de contabilidad de ganancias y pérdidas. Es emocionante (y un verdadero desafío) ver cómo estos dos maravillosos hombres convertidos a Cristo renunciaron a todo para seguir a Cristo. Todas sus ventajas y sus privilegios inherentes, junto con todas sus espectaculares hazañas, quedaron atrás, porque creyeron que "cuantas cosas eran para mí ganancia, las he estimado como pérdida por amor de Cristo".

¿Cómo es tu libro de contabilidad, amiga mía? Mi oración es que ninguna de nosotras ponga la confianza en la carne para merecer o ganar la salvación sino que antes nos gloriemos en todo lo que Jesús ha hecho *por* nosotras y en todo lo que *nos* ha dado. Así lo declaran las profundas palabras de Isaac Watt en su amado himno:

La cruz excelsa al contemplar
do Cristo allí por mí murió,
nada se puede comparar
a las riquezas de su amor.

# Lección 15

# Conoce a Dios

**Filipenses 3:8-11**

¿Alguna vez has hecho un inventario espiritual, amiga mía? Recuerdo cuando escuché a un joven hablar acerca de las bendiciones que había experimentado a raíz de un terrible accidente en el que le habían amputado una pierna. ¿Puedes imaginar *qué* bendición puede resultar de semejante trauma? Como explicó este hombre, los meses que pasó en una camilla de hospital fueron la oportunidad para examinar su vida espiritual, para hacer un inventario espiritual. Como joven activo había estado demasiado ocupado para prestar atención a su vida espiritual. No obstante, ese tiempo inactivo llevó a este caballero a pasar tiempo a solas con Dios para examinar su propia vida.

Pues bien, en el pasaje de hoy, Pablo, el siervo de Dios, nos da los resultados de su propio inventario espiritual. En términos claros nos relata la reevaluación de su vida espiritual posterior a su conversión. Ya sabemos que por Cristo él estimó como pérdida todas las cosas que antes se consideraban como ganancia. Dejó a un lado la crianza y el entrenamiento religioso, junto con su educación privilegiada y el celo religioso. Y en su nueva evaluación de estas "cosas" y de "todas las cosas", Pablo las rechaza con gran aversión y las considera un lastre.

Lee el pasaje y aprende, como Pablo, lo que es verdaderamente importante cuando se trata de hacer un inventario de "las cosas" en nuestra vida.

## *Filipenses 3:8-11*

8  Y ciertamente, aun estimo todas las cosas como pérdida por la excelencia del conocimiento de Cristo Jesús, mi Señor, por amor del cual lo he perdido todo, y lo tengo por basura, para ganar a Cristo,

9  y ser hallado en él, no teniendo mi propia justicia, que es por la ley, sino la que es por la fe de Cristo, la justicia que es de Dios por la fe;

10  a fin de conocerle, y el poder de su resurrección, y la participación de sus padecimientos, llegando a ser semejante a él en su muerte,

11  si en alguna manera llegase a la resurrección de entre los muertos.

## *De la Palabra de Dios...*

1. Lee de nuevo el versículo 7 de nuestra lección anterior, donde Pablo hace referencia a algunas de las "cosas" que eran "ganancia" para él. Ahora, en el versículo 8, ¿qué adjetivo inclusivo utiliza Pablo dos veces?

¿Qué hace que "todas las cosas" palidezcan y pierdan su importancia (v. 8)?

Después de estimar todas las cosas como pérdida, ¿cuál es el último apelativo que usa Pablo para referirse a las ventajas de la carne (v. 8)?

¿Qué desea Pablo ganar en lugar de eso (v. 8)?

2. Enumera los anhelos del corazón de Pablo:

a. Versículo 9.

b. Versículo 10.

c. Versículo 10.

d. Versículo 10.

e. Versículo 10.

f. Versículo 11.

## ...*a tu corazón*

• ¿De qué formas crees que podrías empezar a valorar menos "las cosas" y más a Cristo? Anota aquí varias.

• Medita en el clamor del corazón de Pablo en el versículo 10. ¿Cómo crees que puedes conocer mejor a Jesús? (Recuerda, el énfasis aquí es profundizar en el conocimiento y la intimidad con Cristo).

• Programa una cita en tu agenda personal para dedicar tiempo a hacer tu propia evaluación personal. (¡Y asegúrate de llevar contigo a la cita este pasaje sagrado de las Escrituras!)

## *Respuesta del corazón*

Amada, yo quiero conocer a mi Salvador. Es uno de mis anhelos más profundos (y el tuyo, ¡eso espero!). Quiero que lo conozcas mejor y mejor cada día de tu vida. Es cierto que conocer a Jesús es creer en Él. Pero también es un conocimiento experiencial y progresivo. A medida que tú y yo aprendemos más acerca de Él en la Biblia, y a partir de su experiencia con el poder de su resurrección sobre el pecado y la muerte, ¡créeme que estamos cumpliendo ese gran anhelo de conocerlo!

Sin embargo, ¿qué significa llegar "a ser semejante a él en su muerte"? Empezamos el proceso despojándonos del pecado (Ef. 4:22). ¿Por qué? Porque somos semejantes a Cristo en su muerte cuando morimos al pecado (Ro. 6:10-11), cuando somos crucificados con Cristo (Gá. 2:20), cuando hacemos morir la carne y sus pasiones (Col. 3:5), y cuando el mundo ha sido crucificado para nosotras (Gá. 6:14). Amiga mía, así es como llegamos a ser semejantes a Jesús en su muerte.

¿Suena como una misión demasiado extensa? Pues bien, anímate con estas palabras que pronunció C. T. Studd (cuya vida examinamos en la lección anterior): "Si Jesús es Dios y murió por mí, entonces ningún sacrificio que yo haga por Él es demasiado grande".

# Lección 16

# Conquista mediante la perseverancia

## Filipenses 3:12-14

*E*stoy segura de que alguna vez te han pedido citar tu versículo favorito. A mí me lo preguntan con frecuencia, y siempre me resulta difícil responder. Supongo que debo confesar que tengo muchos versículos favoritos. Pero sin duda uno de ellos es 2 Corintios 5:17: "De modo que si alguno está en Cristo, nueva criatura es; las cosas viejas pasaron; he aquí todas son hechas nuevas". ¡Es un gran consuelo saber que nuestros pecados y fracasos del pasado han sido borrados por la gracia de Dios!

Cuán emocionante es saber que, según la Biblia, como cristianas somos nuevas criaturas o una nueva creación en Cristo. Y si bien esto fue cierto en el apóstol Pablo, él no quiso dar la impresión de haber alcanzado la perfección espiritual. Al acercarnos al pasaje bíblico de hoy, leemos que Pablo (como tú y como yo) todavía está muy involucrado en la carrera de la vida. Lee cómo lo explica:

## *Filipenses 3:12-14*

¹² No que lo haya alcanzado ya, ni que ya sea perfecto; sino que prosigo, por ver si logro asir aquello para lo cual fui también asido por Cristo Jesús.

¹³ Hermanos, yo mismo no pretendo haberlo ya alcanzado; pero una cosa hago: olvidando ciertamente lo que queda atrás, y extendiéndome a lo que está delante,

¹⁴ prosigo a la meta, al premio del supremo llamamiento de Dios en Cristo Jesús.

# *De la Palabra de Dios...*

1. ¿Qué se había propuesto alcanzar Pablo (v. 12)?

¿Qué debía hacer para lograrlo (v. 12)?

2. Jesucristo asió o agarró a Pablo cuando estaba de camino a Damasco (Hch. 9:1-19). Después de ese encuentro, Pablo quedó completamente gobernado por Cristo y su único deseo era asir, o aferrarse, al propósito para el cual Jesús lo había asido. Y así Pablo prosigue y se extiende para cumplir el llamamiento que Jesús hizo a su vida. Pablo compara su búsqueda infatigable con una carrera en la cual él es el corredor.

Un corredor tiene una meta. ¿Qué palabras del versículo 13 muestran el enfoque de Pablo?

3. Un corredor también necesita concentración. Anota las siguientes etapas del enfoque de Pablo:

Versículo 13. Acerca del pasado,
Pablo _____

Versículo 13. Acerca del progreso,
Pablo _____

Versículo 14. Acerca de la meta,
Pablo _____

## ...*a tu corazón*

* Conforme al ejemplo de Pablo, siempre debemos concentrar nuestra energía en avanzar ahora y avanzar en el futuro. ¿En dónde pones tu enfoque?

* ¿Hay "cosas" que te impiden avanzar hacia tu meta? ¿Puedes nombrarlas y luego decidir la manera de "[despojarte] de todo peso y del pecado que [te asedia], y [correr] con paciencia la carrera que [tienes] por delante" (He. 12:1)?

* Anota lo que puedes hacer hoy para:

Olvidar lo que queda atrás

Extenderte a lo que está delante

Proseguir a la meta

## *Respuesta del corazón*

"Pero una cosa hago…". ¿Cómo completarías tú esta declaración, querida amiga? El famoso predicador D. L. Moody citó estas palabras de un erudito de nombre Gannett, en el margen de su Biblia junto a Filipenses 3:13: «Se puede dividir a los hombres en dos clases: lo que tienen "una cosa" y los que no tienen "una cosa" por hacer; los que tienen una meta, y los que carecen de propósito en sus vidas… El objetivo en la vida es lo que la columna vertebral es para el cuerpo: sin ella somos invertebrados».

Qué aterrador sería que fuéramos "invertebrados", sin columna vertebral, débiles, ¡en especial en la vida cristiana! Pero gracias a Dios por estos valiosos e instructivos versículos acerca del proceso mediante el cual tú y yo podemos conocer y llevar a cabo aquella "cosa": obtener el gran premio de la carrera de la fe. ¿Cuáles son los pasos que componen el proceso?

• Bloqueo mental. Un corredor nunca mira atrás, sino que mentalmente bloquea la parte de la carrera que ya ha recorrido.

• Paso firme. Un corredor presiona al máximo cada nervio y cada músculo cuando corre con todas sus fuerzas hacia la meta. De hecho, su mano se estira como si fuera a tocarla. Su pensamiento a lo largo del recorrido es "¡Quiero ganar!".

• Una meta a la vista. Los ojos de un corredor siempre están fijos en la meta. Y esa meta está al final de la carrera, no en otro lugar del recorrido. Ya sea que la meta fuera una columna o una persona, el hecho de verla y de contemplar la recompensa, impulsaba al corredor siempre a extenderse hacia ella.

Oh, amada que buscas alcanzar el premio de Dios, ¿rehúsas mirar atrás?, ¿te extiendes a lo que está delante con paso firme y esforzado?, ¿miras siempre el premio del supremo llamamiento de Dios en Cristo Jesús? Así lo expresó George Matheson, ministro escocés que fue ciego: "Nuestra conquista no viene de modo espectacular sino mediante la perseverancia". ¡Que tú y yo podamos conquistar perseverando! ¡Prosigue, querida!

# Madura en Cristo

## Filipenses 3:15-16

*C*ada cuatro años, deportistas de todo el mundo se reúnen para competir en los juegos olímpicos. Aunque los eventos deportivos son diversos, la meta de los deportistas es una sola: ganar una medalla de oro, plata o bronce para sus países. Los atletas más veloces y mejor entrenados no dejan de cautivarnos (¡y dejarnos sin aliento!) cuando compiten en los eventos de atletismo. Cuando vemos las carreras, damos por hecho las piernas de hierro de los atletas, sus brazos estirados, sus músculos tensionados, y las expresiones de sus rostros. Han entrenado durante años. Y han sido disciplinados durante años. Es imposible que estos atletas pudieran soportar una preparación tan rigurosa y un esfuerzo tan extremo si no fuera porque tienen en mente una gran meta.

Querida amiga, debemos tener el mismo enfoque y perseverancia de los deportistas olímpicos cuando nos aproximamos al fin de la carrera y nos centramos en terminarla exitosamente. La cuota de inscripción para competir es la muerte de Cristo (que Él pagó por nosotros), y el premio glorioso que nos espera al final es demasiado valioso para desgastarse en trivialidades, retrasarse o renunciar. Así que Pablo, siempre dispuesto a exhortarnos, tiene algo más qué decirnos acerca de cómo permanecer en la carrera. ¡Sigue leyendo!

## *Filipenses 3:15-16*

¹⁵ Así que, todos los que somos perfectos, esto mismo sintamos; y si otra cosa sentís, esto también os lo revelará Dios.

¹⁶ Pero en aquello a que hemos llegado, sigamos una misma regla, sintamos una misma cosa.

## *De la Palabra de Dios...*

1. Escribe la primera exhortación que da Pablo a sus lectores (v. 15).


Con base en lo estudiado en la lección anterior, ¿a qué se refiere Pablo cuando dice "sintamos"?


2. Siempre es maravilloso aprender más acerca de Dios y de su carácter y cómo obra en nuestra vida. ¿Qué aprendemos aquí acerca de Él (v. 15)?

3. Escribe ahora la segunda exhortación de Pablo a sus lectores (v. 16).

## ...*a tu corazón*

* ¿Qué palabras usarías para presentar la exhortación de Pablo en el versículo 16?

En términos positivos:

En términos negativos:

* ¿Qué recomendarías a otro cristiano para alcanzar la madurez espiritual?

¿Vives tú misma conforme a tu recomendación para alcanzar la meta? Si no, ¿qué cambios debes hacer o cómo puedes incrementar la disciplina necesaria para alcanzar la meta?

## *Respuesta del corazón*

Solo dos versículos, querida. Pero ¡qué mensaje tan poderoso! Como ves, nuestra vida diaria como cristianas se trata de madurar en Cristo. Pablo ya era "maduro"... y aún así deseaba continuar avanzando en su crecimiento espiritual, perseverar extendiéndose hacia la meta, proseguir y no detenerse.

Si has llegado hasta aquí en nuestro estudio de la ferviente carta de Pablo a los filipenses, sé que tú también anhelas crecer en Cristo, desarrollar una relación de amor más profunda con Él, crecer en entendimiento y en capacidad de servicio. Así, pues, te dejo con estas bellas palabras escritas por un eminente erudito del griego acerca de estos dos versículos llenos de sabiduría:

> Esto dice Pablo acerca de proseguir hacia la madurez:
>
> Él está *olvidando lo que queda atrás*. Es decir, él nunca se gloriará en ninguno de sus logros pasados ni los usará como excusa para descansar. En efecto, Pablo dice aquí que el cristiano debe olvidar todo lo que ha hecho y recordar solamente lo que le falta por hacer. En la vida cristiana no hay lugar para alguien que quiere dormirse en sus laureles.
>
> Asimismo, Pablo *se extiende a lo que está delante*. El término que se traduce *extender* es muy gráfico y se usa para describir a un corredor que va a cruzar la línea de llegada. Denota que tiene ojos solo para fijarse en la meta. Describe al hombre que corre a toda máquina hacia la meta. Pablo dice, pues, que en la vida cristiana debemos olvidar cualquier logro pasado y recordar solo la meta que tenemos por delante.
>
> Esto quiere decir Pablo cuando escribe el versículo 15: "Cualquiera que ha alcanzado la madurez en la fe y sabe de qué se trata el cristianismo debe reconocer la disciplina y el esfuerzo, la agonía de la vida cristiana". Quizás piense diferente, pero si es un hombre sincero, Dios le hará saber con claridad que nunca debe descansar en su esfuerzo ni bajar sus estándares, sino que debe proseguir a la meta hasta el final.
>
> Para Pablo, el cristiano es el atleta de Cristo.[16]

Así que prosigue, compañera, en la carrera. "No nos desviemos de aquellos principios que nos han traído a salvo hasta nuestro estado presente de madurez cristiana. La condición para el futuro (crecimiento espiritual y madurez) es caminar conforme a la luz presente".[17]

# Lección 18

## Sigue a los que siguen al Señor

**Filipenses 3:17-21**

Un autor anónimo ha escrito estas palabras de sabiduría: "Hay cuatro clases de hombres:

1. El que no sabe, y no sabe que no sabe. Es un necio; evítalo.
2. El que no sabe, y sabe que no sabe. Es un simple; enséñale.
3. El que sabe, y no sabe que sabe. Está dormido; despiértalo.
4. El que sabe, y sabe que sabe. Es un sabio; síguelo".

Pablo, el maravilloso siervo de Dios, nos comunica en este siguiente pasaje de las Escrituras palabras de sabiduría acerca de aquellos a quienes debemos evitar y a quienes debemos seguir. Presta mucha atención a su descripción de dos tipos de personas: los que son amigos de la cruz y los que son "enemigos de la cruz".

## *Filipenses 3:17-21*

<sup>17</sup> Hermanos, sed imitadores de mí, y mirad a los que así se conducen según el ejemplo que tenéis en nosotros.

<sup>18</sup> Porque por ahí andan muchos, de los cuales os dije muchas veces, y aun ahora lo digo llorando, que son enemigos de la cruz de Cristo;

<sup>19</sup> el fin de los cuales será perdición, cuyo dios es el vientre, y cuya gloria es su vergüenza; que sólo piensan en lo terrenal.

<sup>20</sup> Mas nuestra ciudadanía está en los cielos, de donde también esperamos al Salvador, al Señor Jesucristo;

<sup>21</sup> el cual transformará el cuerpo de la humillación nuestra, para que sea semejante al cuerpo de la gloria suya, por el poder con el cual puede también sujetar a sí mismo todas las cosas.

## *De la Palabra de Dios...*

1. Pablo empieza con una instrucción para los creyentes filipenses acerca de dos cosas (v. 17):

a.


b.

¿A quién sugiere Pablo que deben imitar los filipenses (v. 17)?

¿Por qué debían seguir el ejemplo de esas personas (v. 18)?

2. Pablo, el maestro siempre fiel, prosigue a describir y a advertir a sus compañeros en la fe contra aquellos a quienes él cataloga como "enemigos de la cruz de Cristo" (v. 18). Enumera los cuatro rasgos tan característicos de estos "enemigos" (v. 19).

a.

b.

c.

d.

Cómo verdaderos creyentes, ¿cómo nos diferenciamos de este grupo (vv. 17 y 20)?

3. ¿Sabías que este pasaje de la Palabra de Dios también nos revela algunas verdades y hechos maravillosos de nuestro amado Señor y Salvador Jesucristo? Enumera aquí tantos como sea posible (vv. 20-21):

# ...*a tu corazón*

- Estas son palabras aleccionadoras, ¿no es así? Pablo nos dice que la cruz de Cristo debe determinar nuestra vida diaria. Escribe brevemente dónde, como cristianos, debemos poner nuestro enfoque y nuestra mira.

Después de anotar tus propios pensamientos, considera estas palabras, también aleccionadoras, acerca de "los amigos" y "los enemigos" de la cruz.

*Si* los *amigos* de la cruz son quienes demuestran con sus vidas que han abrazado el espíritu de la cruz, es decir, el de *negarse a sí mismo*... entonces, sin duda, los enemigos de la cruz son aquellos que manifiestan la actitud contraria, es decir, la *autocomplacencia*. Los *amigos* de la cruz no aman al mundo. De hecho, el mundo está crucificado para ellos, y ellos para el mundo, y esto es así porque se glorían en la cruz (Gá. 6:14). Los *enemigos* de la cruz aman al mundo y las cosas que hay en el mundo (1 Jn. 2:15), ponen su mira en las cosas terrenales (Fil. 3:19).

- Pablo habló de mirar un ejemplo y de imitar en nuestra vida a aquellos que fiel y fervorosamente siguen a Cristo, aquellos que son amigos de la cruz. ¿Conoces en este momento cristianos en quien puedes fijarte y cuyo ejemplo puedes imitar porque ellos siguen el modelo que dejaron Jesús y Pablo? Tal vez quieras nombrarlos aquí y dar gracias a Dios por ellos, pidiendo que sigan firmes en su caminar cristiano y en ser ejemplo para ti y para otros. Considera también lo que podrías hacer para seguir más atentamente sus pasos en la semejanza de Cristo.

* Es evidente que el regreso de Jesús y su glorificación, y el perfeccionamiento de sus santos significó mucho para Pablo en su sufrimiento. ¿Cómo te animan los versículos 20 y 21 en tu propio sufrimiento?

## *Respuesta del corazón*

Querida seguidora de Cristo, hay muchos mensajes para ti y para mí en estos pocos versículos:

* *Sé una seguidora.* Es una bendición si puedes nombrar a alguien en el ejercicio anterior, alguien que Dios ha puesto en tu camino para seguir, un verdadero amigo de la cruz, alguien que te muestra cómo seguir los pasos de Cristo. Si eres nueva en la fe, o nueva en tu iglesia, ruega a Dios que te guíe... ¡pronto!... hasta encontrar a alguien que busca al Señor y lo sigue de todo corazón (Sal. 63:8).

* *Sé un modelo.* Espero que tengas alguien a quién seguir, y espero y oro también porque asumas el desafío de ser para otros un modelo de lo que significa ser un verdadero seguidor de Jesús. Oro porque tú puedas también decir junto con Pablo: "Sed imitadores de mí, así como yo de Cristo" (1 Co. 11:1).

* *Permanece alerta.* Nos han advertido para que podamos reconocer quiénes son "enemigos de la cruz" de Cristo. Pablo lloró cuando advirtió a sus amigos (¡y a nosotras)! ¡Prestemos atención!

• *Anímate.* Como hemos visto, los amigos de la cruz están llamados a negarse a sí mismos y a un estilo de vida que incluye extenderse, esforzarse, presionar y perseverar. Pero también tenemos que animarnos: veremos a Jesús, a quien esperamos venir del cielo, y seremos transformados a su imagen, transformados en la semejanza de su cuerpo glorioso. Y a Pablo le encantaba decir "¡gozaos!".

# Lección 19

# Vive en unidad

**Filipenses 4:1-3**

Cuidado… nos aproximamos a un tema delicado, y podemos aprender mucho si prestamos atención a *cómo* lo maneja Pablo, el maestro motivador. La carta de Pablo a la iglesia filipense ha sido breve y tierna. Aparte de algunas advertencias acerca de falsos maestros (3:1-3) y de "los enemigos de la cruz" (3:17-21), no ha expresado más que alabanza y ánimo a lo largo de la epístola. Pero ahora que el apóstol se aproxima a concluir su carta, debe tratar un problema que existía en el cuerpo de creyentes en Filipos. Por desdicha, parte del problema estaba en el "ministerio de mujeres" en el que dos de ellas tenían una disputa y causaban problemas. Pablo y el Señor deseaban la paz entre los creyentes, así que habla acerca de la disensión. Al parecer, las diferencias entre estas dos mujeres afectaban el espíritu de cercanía y comunión y la armonía que debe caracterizar al pueblo de Dios. Escucha la súplica de Pablo a estas dos hermanas a quienes tanto estimaba.

## *Filipenses 4:1-3*

¹ Así que, hermanos míos amados y deseados, gozo y corona mía, estad así firmes en el Señor, amados.

² Ruego a Evodia y a Síntique, que sean de un mismo sentir en el Señor.

³ Asimismo te ruego también a ti, compañero fiel, que ayudes a éstas que combatieron juntamente conmigo en el evangelio, con Clemente también y los demás colaboradores míos, cuyos nombres están en el libro de la vida.

## *De la Palabra de Dios...*

1. ¿Qué palabras afectuosas usa Pablo para introducir su exhortación (v. 1)?

   ¿Qué solicita de los filipenses (v. 1)?

2. El versículo 1 habla en términos generales. Sin embargo, en el versículo 2, Pablo señala a personas específicas. ¿Quiénes son?

   ¿Qué les pide (v. 2)?

   ¿Cuál era su relación con Pablo (v. 3)?

¿De qué manera habían ayudado al cuerpo de Cristo en el pasado (v. 3)?

3. En seguida, Pablo nombra a un "compañero fiel" (v. 3). ¿Cuál fue la petición expresa de Pablo para esta persona?

## ...*a tu corazón*

• Aun cuando Pablo trata el asunto problemático en la iglesia de los filipenses, él usa un lenguaje afectuoso. ¿Cómo se nutre ese afecto? (Fil. 1:3-8)

• ¿Cuál es el patrón de tus pensamientos y oraciones hacia los demás, incluso hacia las personas problemáticas?

• Cada una de las personas mencionadas en los versículos 1-3 tenían que contribuir a la causa de la unidad en la iglesia. ¿Cuál es tu contribución actual a tu iglesia... o cuál necesitas hacer?

• A las dos mujeres involucradas en el conflicto, Pablo exhorta: "sean de un mismo sentir en el Señor" o "vivan en armonía" (v. 2, LBLA). Si se toma en serio esta exhortación, ¿cómo puede ayudarte en tus relaciones dentro de la iglesia? Y solo como recordatorio, ¿cuál es la "mente" o la "actitud" que buscamos, según Filipenses 2:5?

## Respuesta del corazón

Empezamos esta lección escuchando como a escondidas el estilo de Pablo para enfrentar una situación delicada en la iglesia filipense. Evodia y Síntique, dos amigas y colaboradoras en la causa de Cristo, tenían sus diferencias. Y la desavenencia entre ellas estaba causando una ruptura en la iglesia. ¿Cómo manejó Pablo el problema? Hay mucho que aprender de esto, querida.

*Primero*, Pablo habló directamente a las dos mujeres (y a cualquier otra persona involucrada en el conflicto) implorándoles que arreglaran su disputa y vivieran en armonía. Pablo fundamenta sabiamente su petición en la causa de Cristo y no en sus propios deseos. Pidió que fueran de un mismo sentir en el Señor, que guardaran la paz y vivieran en amor. Pablo las guio también sabiamente a tener una visión más amplia: el Señor, el Señor de la iglesia y el progreso de la obra del Señor. Debían poner a un lado sus diferencias en aras del bien común de la iglesia en Filipos y del cuerpo de Cristo, que son más importantes.

*Segundo*, Pablo elogió a estas dos mujeres. Pablo recuerda cómo trabajaron hombro a hombro con él por causa del evangelio. También les recuerda a los filipenses (y a todos los demás) que ellas habían servido a Cristo junto con Clemente y el resto de obreros.

*Por último*, Pablo solicitó a otros miembros de la iglesia que ayudaran a Evodia y a Síntique. Los alentó a participar en la solución del problema. Estas mujeres habían ayudado a otros, y ahora otros debían ayudarlas.

¡Oh, amada, te ruego que ores! Ora para no ser *tú* motivo de ruptura alguna en tu iglesia; que *tú* no seas tropiezo para la obra de la iglesia a favor de Cristo. Ora también para seguir los pasos sabios de Pablo si algún día tienes que ayudar a resolver un conflicto interpersonal.

# Lección 20

# Vence la ansiedad

## Filipenses 4:4-7

Toda mujer tiene una "lista de tareas", esas listas abreviadas de tareas que deben cumplir. Estos catálogos de tareas, llamadas, recordatorios y planes nos mantienen informadas a fin de que podamos administrar mejor los sucesos de la vida cotidiana.

La lección de hoy, querida, nos presenta una "lista de tareas" que vienen de la mente y la sabiduría de Pablo, el siervo escogido de Dios. Y, puesto que uno de los temas recurrentes del libro de Filipenses es la paz, la "lista de tareas" de Pablo nos muestra cómo disfrutar la paz que los cristianos tenemos a nuestra disposición. Como ves, Pablo anhelaba tanto la paz entre cristianos en el cuerpo de Cristo que exhorta a todos y cada uno a poseer la paz personal que Dios ofrece. Solo entonces puede haber paz en la iglesia.

Puesto que estoy segura de que tú estás diciendo ahora mismo un efusivo "¡amén!" al razonamiento de Pablo, busquemos la paz en esta "lista de tareas". Lee... y reflexiona.

111

## *Filipenses 4:4-7*

⁴ Regocijaos en el Señor siempre. Otra vez digo: ¡Regocijaos!

⁵ Vuestra gentileza sea conocida de todos los hombres. El Señor está cerca.

⁶ Por nada estéis afanosos, sino sean conocidas vuestras peticiones delante de Dios en toda oración y ruego, con acción de gracias.

⁷ Y la paz de Dios, que sobrepasa todo entendimiento, guardará vuestros corazones y vuestros pensamientos en Cristo Jesús.

## *De la Palabra de Dios...*

1. Mira los versículos de nuestra lección pasada y de esta lección, y completa los tres mandatos a sus amigos de la iglesia filipense:

Estad así firmes _____ (4:1)

Sean de un mismo sentir _____ (v. 2)

Regocijaos _____ (v. 4)

¿Puedes decir en qué puso Pablo el énfasis?

¿Cuál exhortación nos repite Pablo (v. 4)?

2. En este punto, en el capítulo 4 de Filipenses, Pablo empieza una sucesión de exhortaciones. Observa las cuatro que hay en este pasaje:

*Versículo 4*: "Regocijaos en el Señor siempre...". ¿Cuál es el efecto que causa siempre el regocijo en el Señor en la paz personal?

*Versículo 5*: "Vuestra gentileza sea conocida de todos los hombres...". La gentileza se ha traducido también como "paciencia", "moderación", "ser razonable", "benevolencia". Se ejemplifica en alguien que está "dispuesto a perdonar" y que posee "imparcialidad". Por consiguiente, nos llama a los cristianos a caracterizarnos por una actitud amable y paciente hacia los demás. Debemos manifestar un espíritu dispuesto a ceder bajo la prueba, que rehúsa vengarse cuando es atacado.[18] ¿Cómo se supone que vamos a lograr esto? Respuesta: "El Señor está cerca". Él juzgará tu causa y rectificará toda injusticia que padezcamos a manos de otros.

*Versículo 6*: "Por nada estéis afanosos...". ¡Estas palabras deben haber infundido mucha esperanza, aliento, y paz en los creyentes filipenses! "¡Por nada estéis afanosos!". Cuando nos afanamos, dejamos de confiar en que Dios cuida de nosotros. De hecho, la ansiedad o falta de confianza es una especie de "blasfemia inconsciente" contra Él. ¿Cuán elevado es tu nivel de ansiedad y cuán elevado es tu nivel de "confianza"?

*Versículo 6:* "...sino sean conocidas vuestras peticiones delante de Dios...". En lugar de estar ansiosos y dejar de confiar en Dios, debemos darle a conocer nuestras peticiones, ejercitar nuestra fe. Debemos orar al Señor y entregarle nuestras "necesidades" y nuestras peticiones específicas.

3. ¿Cuál será el resultado del proceso anterior (v. 7)?

## ...*a tu corazón*

¿Cómo te evalúas a la luz de los cuatro mandatos de Pablo? Dedica un momento a examinarte.

✓ ¿Eres una mujer gozosa? ¿Cuándo necesitas más "regocijarte en el Señor"?

✓ ¿Eres benévola? Piensa en la persona que más te desafía en esta área tan importante de la paciencia. ¿Cómo te anima saber que "el Señor está cerca"?

✓ ¿Sufres de ansiedad? O, ¿hay un aspecto particular de tu día a día que suele ponerte ansiosa?

✓ ¿Cómo crees que la oración te puede ayudar y ayuda en tales situaciones? ¿Hay algo que te impide orar?

Por último, ¿estás disfrutando de la paz de espíritu que Pablo dice que tú y yo podemos tener? Si no, decide seguir los pasos de Pablo para experimentar la paz de Dios: regocíjate, sé amable, no te afanes por nada, ora, ¡y así la paz de Dios, que sobrepasa todo entendimiento, guardará tu corazón y tus pensamientos en Cristo Jesús!

## *Respuesta del corazón*

Querida, cuando pensamos en todo lo que deseamos en la vida, sé que el gozo es algo que tanto tú como yo anhelamos. También la paz. Y aquí en nuestra Biblia, en la Palabra de Dios, inspirada por Él, que procede directamente de su mente y corazón, tenemos la fuente para recibir estas dos bendiciones. Sin embargo, para disfrutar estas dos cualidades deseables de la vida, debemos seguir la "lista de tareas" de Pablo:

*Regocíjate.* Esta no es una opción, amiga mía. ¡Es un mandato! Es una exhortación a vivir con alegría. El idioma griego traduce: "Sigan regocijándose en el Señor siempre... pase lo que pase". Y es verdad: debemos regocijarnos *en el Señor*, sin importar lo que nos pase. Como escribió D. L. Moody en el siglo XIX:

> "*C*ristianos, es nuestro deber no solo ser buenos, sino brillar... aun en medio de nuestras más grandes penas, regocijarnos en Dios. Como las ondas que fulguran, dejen que los gozos destellen desde el vaivén de pesares de su alma".[19]
>
> —D. L. Moody

*Ora.* Esto tampoco es una opción, ¡sino otro mandato! En lugar de sufrir ansiedad, debemos presentar nuestras necesidades al Señor. En cada circunstancia debemos presentar nuestras peticiones delante de Él.

¿Y cuáles son los resultados? ¿Los bellos y hermosos resultados? Primero, que no solo Dios responderá nuestras oraciones, sino que el resultado inmediato será que experimentaremos "la paz de Dios", es decir, la paz que es característica de Dios mismo. Aun cuando nuestras circunstancias no cambian, la paz de Dios prevalece. Y, segundo, la paz de Dios levantará guardia como un soldado o centinela contra todas las ansiedades que normalmente atacan nuestro corazón y nuestra mente. ¡Así que ora, querida! La oración es un requisito en toda providencia y perfuma toda relación. ¡Por medio de la oración, en verdad experimentamos la paz de Dios que sobrepasa todo entendimiento!

# Lección 21

# Piensa en las verdades de Dios

Es un hecho que la mente humana consciente siempre está pensando en algo. Y si alguien piensa en algo lo suficiente, al final le será imposible dejar de pensar en ello.[20] ¿Conoces el consejo: "siembra un pensamiento y cosecha una acción; siembra una acción y cosecha un hábito; siembra un hábito y cosecha carácter; siembra carácter y cosecha un destino"? ¿Cómo se llevó a cabo ese destino? ¡Todo empezó con un pensamiento!

Querida, nuestra vida mental es vital para encontrar la paz. Pablo lo sabía. Él nos exhorta en esta lección a dirigir y a cuidar nuestros pensamientos. Entonces su objetivo, que es la paz para cada miembro de la iglesia y la paz en la iglesia, puede cumplirse. Él quería que todos los creyentes experimentaran y disfrutaran "la paz de Dios" (4:7) y "el Dios de paz" (v. 9).

Ahora lee, y saborea los ingredientes que deben ser parte de tus pensamientos. Y luego, como declara Pablo, "en esto pensad".

## *Filipenses 4:8-9*

8   Por lo demás, hermanos, todo lo que es verdadero, todo lo honesto, todo lo justo, todo
lo puro, todo lo amable, todo lo que es de
buen nombre; si hay virtud alguna, si algo
digno de alabanza, en esto pensad.

9   Lo que aprendisteis y recibisteis y oísteis y
visteis en mí, esto haced; y el Dios de paz
estará con vosotros.

## *De la Palabra de Dios...*

1. Pablo prosigue a la meta de terminar su epístola a sus queridos amigos en Filipos, y al fin llega a la conclusión. Ha
instado a sus lectores (¡y también a nosotras!) a alcanzar la
paz interior para que puedan gozar de paz entre todos en la
iglesia. Pablo sabía que a fin de disfrutar continuamente la
paz interior y de proyectar su influencia por doquier, deben
seguir algunos pasos. De modo que explica a sus lectores qué
pensar, qué tener en cuenta, y en qué meditar y reflexionar,
a fin de que las cosas en las que piensan moldeen su conducta.[21] ¿Cuáles son las ocho condiciones que establece Pablo
para un pensamiento cristiano (v. 8)?

   a.                          e.

   b.                          f.

   c.                          g.

   d.                          h.

2. Pablo exhorta a sus amigos no solo con respecto a su vida mental y de cómo cuidar su pensamientos, sino también a los ejemplos que deben procurar imitar y seguir. Enumera los cuatro criterios que establece en el versículo 9 que ayudarán a los filipenses a discernir a quién deben seguir.

a.

b.

c.

d.

¿Cuál es la siguiente exhortación que les hace (v. 9)?

¿Cuál sería el resultado de seguir su consejo (v. 9)?

## ...*a tu corazón*

• Como escribe un gran hombre: "Cada pensamiento que se enfoca en lo celestial contribuye a la edificación del carácter. Aquellos que ponen a Cristo en el trono del santuario de la mente dejarán de gravitar e irán en pos de las cualidades que Él demostró en su vida".[22] ¿Puedes citar un ejemplo cotidiano de estas características que te ayudarán a ser como Jesús si "en esto piensas", como instruye Pablo?

Verdadero (contrario a falso; también la verdad del evangelio)

Honesto (digno, honorable, y digno de honra)

Justo (lo que es debido)

Puro (moralmente inmaculado)

Amable (agradable, grato, interesante)

Lo que es de buen nombre (algo de lo que se habla bien, algo que merece llegar a oídos de Dios)

Alguna virtud (algo excelente)

Algo digno de alabanza (algo que tiene la aprobación de Dios, que es digno de elogiarse)

- Mira de nuevo estas virtudes y su significado. ¿Puedes señalar en qué área precisa un cambio tu propia vida mental?

- ¿En qué podrías meditar y pensar que se conforme a *todos* los criterios de Pablo?

- ¿Podrías repetir a tus hijos (o nietos) las palabras de Pablo en el versículo 9: "lo que aprendisteis y recibisteis y oísteis y visteis en mí, esto haced"? ¿A tus amigos? ¿A tus colegas de trabajo?

- ¿Qué pasos debes tomar para convertirte en la persona de confianza que describe Pablo en el versículo 9?

## *Respuesta del corazón*

Todo lo que es verdadero, todo lo honesto, todo lo justo, todo lo puro, todo lo amable, todo lo que es de buen nombre; si hay virtud alguna, si algo digno de alabanza, en esto pensad. ¡Vaya! ¡Pablo nos presenta aquí un gran reto! ¿Te preguntas *cómo* podemos cumplir con este consejo? Mientras oraba respecto a cada aspecto de la vida mental del cristiano, se me ocurrieron estas tres "cosas" en las que tú y yo podemos pensar, seguras de que satisfacen los requisitos:

*Primero, podemos pensar acerca de Dios.* Cuando meditamos en la persona de Dios y en sus atributos, cumplimos el mandato "en esto pensad". Cuando meditamos en la profundidad de las riquezas de Dios y en su bondad y su gracia para con nosotras, "en esto pensamos". Cuando reflexionamos en la protección y la provisión que Dios nos concede como hijos con tanta prodigalidad, "en esto pensamos". Cuando recordamos las muchas promesas que Dios nos ha dado, "en esto pensamos".

*Segundo, podemos pensar en Jesucristo.* ¡Oh, nuestro dulce y tierno Salvador! Cuando rememoramos las profecías y el plan de Dios que preside la venida de Jesús, "en esto pensamos". Cuando reflexionamos en los Evangelios que relatan la vida de Cristo desde su nacimiento hasta su muerte, resurrección y ascensión, "en esto pensamos". Cuando consideramos la vida y la muerte de Jesús por nosotros, que aseguró nuestra posición en Él como creyentes del Nuevo Testamento, "en esto pensamos".

*Tercero, podemos pensar en la Palabra de Dios.* Como declaró el salmista, la ley del Señor es perfecta, fiel, recta, pura, limpia, justa... y dulce más que la miel, y que la que destila del panal (Sal. 19:7-11). Sí, cuando pensamos en la Palabra de Dios, "en esto pensamos".

Amada, cuando tenemos tres "cosas" tan nobles en qué pensar como lo son Dios, su Hijo y su Palabra, ¿por qué desearíamos pensar en otra cosa? Adora en este momento... ¡y en esto piensa!

# Lección 22

# Enfrenta las circunstancias de la vida

## Filipenses 4:10-14

ablo vivió en la época de los estoicos, un grupo que basaba su ética y moral en el orgullo, la independencia y el destino. Un estoico era, por consiguiente, alguien que se consideraba "autosuficiente". Sin embargo, Pablo, el humilde siervo y el prisionero del Señor, se consideraba "Dios-suficiente". Su confianza se fundamentaba siempre en el Señor y en su providencia soberana sobre su vida. Pablo podía enfrentar cualquier circunstancia, no por ser un estoico ni competente, sino porque en cada situación tenía a Cristo. Como un hombre que anduvo con Cristo, ¡Pablo podía enfrentar lo que fuera!

La lección de hoy nos infunde esperanza y aliento en todo aquello que enfrentamos actualmente, y nos instruye en la confianza y el contentamiento frente a todo lo que el futuro nos depare. Presta atención a las poderosas palabras de Pablo... ¡y aprende su secreto para el contentamiento!

## *Filipenses 4:10-14*

<sup>10</sup> En gran manera me gocé en el Señor de que ya al fin habéis revivido vuestro cuidado de mí; de lo cual también estabais solícitos, pero os faltaba la oportunidad.

<sup>11</sup> No lo digo porque tenga escasez, pues he aprendido a contentarme, cualquiera que sea mi situación.

<sup>12</sup> Sé vivir humildemente, y sé tener abundancia; en todo y por todo estoy enseñado, así para estar saciado como para tener hambre, así para tener abundancia como para padecer necesidad.

<sup>13</sup> Todo lo puedo en Cristo que me fortalece.

<sup>14</sup> Sin embargo, bien hicisteis en participar conmigo en mi tribulación.

## *De la Palabra de Dios...*

1. Después de enseñar a los filipenses acerca de cómo "regocijarse en el Señor" (4:4), Pablo mismo se regocija. ¿Qué lo llevó a regocijarse (v. 10)?

2. ¿Qué importante lección había aprendido Pablo al mismo tiempo (v. 11)?

3. Pablo usó pares de opuestos (v. 12) para definir a sus lectores filipenses lo que había aprendido. Enuméralos aquí:

   a.

   b.

   c.

4. Según Pablo, ¿cuál es exactamente su secreto para vivir bajo estas y cualquier otra circunstancia (v. 13)?


## ...*a tu corazón*

• Este estudio de filipenses nos enseña cómo experimentar la paz de Dios, y hemos visto cómo nuestros pensamientos nos conducen a la paz mental y a la paz con Dios, sin importar cuáles son nuestras circunstancias. Cuando nuestro corazón se transforma en un santuario de belleza espiritual porque nuestros pensamientos están enfocados en aquello que posee belleza espiritual, como anota Pablo en 4:8, entonces esta condición se extiende y abarca todas las circunstancias de nuestra vida, y experimentamos la paz del contentamiento. ¿Qué aprendes acerca del contentamiento a partir de las palabras de Pablo?


• ¿Hay en tu vida un área de descontento o falta de paz en la que puedas poner por obra los principios de Pablo sobre el contentamiento y recibir la fortaleza que Dios promete?

- ¿Es posible que tú seas el instrumento que Dios use para suplir las necesidades de otros? Ora para manifestar tu cuidado e interés por las aflicciones del prójimo.

## *Respuesta del corazón*

Recuerda cómo estaba Pablo cuando escribió estas palabras eternas de aliento. Estaba bajo arresto domiciliario (Hch. 28:30). Estaba en medio de una prueba de vida o muerte. Con todo, su aceptación de la voluntad de Dios para su vida rebosa desde sus cadenas. Sí, como él mismo testifica, Pablo había aprendido a estar contento bajo cualquier circunstancia, incluso estando preso.

Tal como había encontrado siempre la fortaleza de Cristo necesaria para soportarlo todo y para cumplir todas sus tareas, Pablo continúa sacando la fortaleza que viene de una unión vital con Cristo. Así logró ser idóneo y perseverar en su obra apostólica a pesar del sufrimiento cotidiano.

Querida, ningún día transcurre sin que en algún momento de desánimo o desesperación yo recuerde, recite y traiga a mi memoria Filipenses 4:13. Es asombroso cómo cada vez que los hijos de Dios acudimos a su Palabra, sus promesas y su fortaleza, Él en su gracia (¡siempre y sin falta!) nos brinda la fortaleza que necesitamos para avanzar un paso más en nuestro camino trazado por Él. De hecho, debemos aprender a simplemente llenar el espacio: "Todo lo puedo, incluso esto: _____ [sea lo que "esto" sea], en Cristo que me fortalece". Así, pues, cuando estamos en la etapa de no comprender para qué sirve nuestro sufrimiento, recordemos algunas instrucciones esenciales:

*Aprende*, como Pablo, que tú también puedes sobrellevar, soportar, completar, enfrentar y manejar todo en Cristo que te fortalece. Como quien goza de una unión personal con el Señor, tú puedes enfrentar la vida, y cada día de ella, y toda ella, en victoria. ¿Cómo es posible? Lo es porque Cristo está en ti y te extiende su gracia y su fortaleza. ¡Apréndelo, amada! Cuenta con ello. Y ponlo por obra en cada oportunidad que se presente. *Mira* al Señor y busca en Él su fortaleza. Él es quien diseña el mapa y traza el camino de tu vida. Él sabe su comienzo y su final. Tú puedes confiar en que Dios te llevará a buen fin por medio del buen plan que tiene para tu vida (Jer. 29:11). *Manifiesta* delante de tu familia y de tus amigos tu confianza en Dios y tu contentamiento en cada situación. Pablo acababa de instar a los filipenses a mirarlo a él y su ejemplo de fe. Tu familia también necesita un ejemplo que demuestre lo que significa conocer y confiar en el Señor. *Ama* a otros dando y compartiendo lo que tienes. Esta es una de las lecciones maravillosas que encierra para nosotras este pasaje. Aunque Pablo estaba contento, Dios usó a los creyentes filipenses para suplir sus necesidades. ¡Así que anda y haz tú lo mismo!

# $\mathcal{L}$ección 23

# Da a la manera de Dios

Filipenses 4:15-19

$\mathcal{G}$eorge Müller fue un británico que abrió y administró por la fe un orfanato a mediados de 1800. Durante 40 años, George Müller literalmente ganó en oración el pan para alimentar las bocas de hasta 2.000 huérfanos al día. Él oró fervientemente a Dios, Aquel que había prometido suplir todas sus necesidades. Al final, los 2.000 huérfanos de Müller recibieron los cuidados necesarios, tuvieron un hogar feliz, y fueron instruidos en la vida cristiana. Sí, este querido santo vivió siempre como receptor de las dádivas de otros. Algunos días rehusaba levantarse del suelo de su oficina donde se arrodillaba a orar hasta que un empleado golpeaba suavemente su puerta para decirle que Dios había enviado de nuevo su provisión, que la comida había llegado de una nueva fuente... un nuevo día. Cuando George Müller murió, aunque había administrado más de ocho millones de dólares que recibió la obra del orfanato, él poseía nada más unos escasos bienes personales.

Dar y recibir. Querida, tú y yo debemos hacer lo primero, y Dios nos ha prometido lo último. ¡Qué maravilloso Dios tenemos que abona a nuestra cuenta espiritual cuando damos y provee generosamente todas nuestras necesidades cuando hemos dado! ¡Esto es dar y recibir a la manera de Dios!

## *Filipenses 4:15-19*

15 Y sabéis también vosotros, oh filipenses, que al principio de la predicación del evangelio, cuando partí de Macedonia, ninguna iglesia participó conmigo en razón de dar y recibir, sino vosotros solos;

16 pues aun a Tesalónica me enviasteis una y otra vez para mis necesidades.

17 No es que busque dádivas, sino que busco fruto que abunde en vuestra cuenta.

18 Pero todo lo he recibido, y tengo abundancia; estoy lleno, habiendo recibido de Epafrodito lo que enviasteis; olor fragante, sacrificio acepto, agradable a Dios.

19 Mi Dios, pues, suplirá todo lo que os falta conforme a sus riquezas en gloria en Cristo Jesús.

## *De la Palabra de Dios...*

1. Mientras meditas en esta lección de las Escrituras, observa que los filipenses habían hecho lo que ninguna otra iglesia había hecho hasta entonces (v. 5).

¿Con qué frecuencia lo habían hecho (v. 16)?

¿Cuál era el propósito de su "dádiva" (v. 16)?

2. Siempre es agradable recibir dádivas, ayuda y asistencia, pero ¿cuál era el deseo primordial de Pablo para con los filipenses (v. 17)?

3. Desde la perspectiva de Pablo, ¿qué había logrado el corazón dadivoso de los filipenses (v. 18)?

¿Y desde la perspectiva de Dios (v. 18)?

4. ¡A veces nos aferramos a nuestros bienes y propiedades porque tememos que, al dar a otros, nos falte algo! Sin embargo, Pablo descarta ese temor. ¿Qué dice a los filipenses acerca de que Dios disipará toda preocupación (v. 19)?

## ...*a tu corazón*

• En un sentido muy real, cada dádiva es un acto de fe. Puesto que nuestra tendencia natural es acumular, ahorrar, invertir, y velar por nuestros propios intereses, soltar nuestros bienes terrenales es verdaderamente un acto de fe. ¿Por qué? Porque cuando entregamos nuestros recursos, debemos confiar en que el Señor cuidará de nosotros. Querida amiga, ¿cómo calificarías tu confianza en Él y en su provisión generosa, adecuada y gloriosa que ha prometido? ¿Das de gracia (Mt. 10:8) procurando servir a los necesitados? ¿Has comprobado ya que es más bienaventurado dar que recibir (Hch. 20:35)?

Dedica unos minutos ante el Señor y escribe algunas respuestas sinceras.

• Examina ahora la promesa de Dios del versículo 9: ¿Crees que tu Dios suplirá todo lo que verdaderamente necesitas? Con toda franqueza, anota algunas respuestas.

• Conviene mirarnos en el espejo de nuestra alma, ¿no es así? Ver lo que realmente pensamos y creemos y por qué. Hemos visto a Pablo hablando de dar como un acto espiritual, como un acto que trae fruto espiritual en nuestra vida y que agrada a Dios. Nuestras dádivas, dice Pablo, despiden olor fragante y son un sacrificio acepto para nuestro Señor. ¿Podrías escribir algunos planes que tienes en este asunto vital de dar para suplir las necesidades de otros?

## *Respuesta del corazón*

Al estudiar esta lección transformadora que aviva nuestra fe y que trata acerca de dar a la manera de Dios, pienso en dos personas maravillosas que vivieron conforme a la fórmula divina de dar y recibir.

*Primero*, C. T. Studd, a quien conocimos en la lección 14. Él, al igual que Pablo, dejó una vida privilegiada que había disfrutado antes de hacerse cristiano. Extremadamente adinerado y educado en Cambridge, Studd fue uno de los siete hombres de esa universidad que fundó el movimiento misionero mundial en el siglo XIX. Cuando estos hombres se fueron a China, un corresponsal los describió como "levantados uno junto al otro, renunciando a las carreras en las que habían alcanzado no poca distinción, dejando a un lado los espléndidos premios de ambición terrenal, abandonando los círculos sociales en los que brillaron con no poco esplendor, y sumergiéndose en ese combate cuyas glorias solo pueden verse por la fe, y cuyas recompensas parecen tan difusas a la visión miope de hombres comunes".[23]

*En segundo lugar,* su esposa. Justo antes de partir en su segundo viaje a China, C. T. Studd "invirtió en el banco del cielo entregando toda su herencia" excepto 3.400 libras esterlinas que presentó a su prometida antes de su boda. Ella también sabía lo que significaba olvidar lo que queda atrás. Ella preguntó: "Ahora, Charlie, ¿qué mandó el Señor al joven rico?". Cuando C. T. respondió: "Vende todo", ella dijo: "pues bien, entonces empezaremos sin saldos con el Señor en nuestra boda". Entonces procedió a donar de forma anónima las 3.400 libras al general Booth del Ejército de Salvación.[24] ¡Tanto C. T. Studd como su prometida sabían que Dios supliría todas sus necesidades conforme a sus riquezas en gloria en Cristo Jesús! Y, de hecho, desde 1883 hasta la muerte del señor Studd en 1931, durante casi 50 años, ¡eso fue exactamente lo que hizo Dios!

¡Que tú y yo seamos igualmente dadivosas y que ese fruto redunde en nuestras cuentas celestiales! Que siempre ofrezcamos nuestros bienes y medios a aquellos que tienen necesidad. ¡Y que nuestro Padre celestial se deleite siempre con el dulce aroma de nuestro sacrificio!

# Lección 24

# Comienzos y finales

## Filipenses 4:20-23

omo escritora, he procurado aprender la habilidad de llevar cada capítulo de un libro a una conclusión y tener el libro mismo bien enlazado hasta el final. Trato de hacer el cierre, por decirlo de alguna manera, y atar todos los cabos sueltos. Procuro terminar entretejiendo todas las hebras que conforman mi mensaje.

Pues bien, aquí en este pasaje final de Filipenses vemos precisamente que Pablo lo hace (¡él es, de hecho, un experto escritor!). Él retoma las primeras declaraciones de su carta para concluir su pensamiento al final de su libro con ideas afines. Y, una vez termina, nos deja un paquete hermoso, completo y envuelto con papel de regalo para disfrutar una y otra y otra vez.

Lee estos últimos cuatro versículos de la pluma de Pablo y deja que eleven tu alma y tu espíritu. ¡Están llenos de gracia y de gloria!

## *Filipenses 4:20-23*

20 Al Dios y Padre nuestro sea gloria por los siglos de los siglos. Amén.

21 Saludad a todos los santos en Cristo Jesús. Los hermanos que están conmigo os saludan.

22 Todos los santos os saludan, y especialmente los de la casa de César.

23 La gracia de nuestro Señor Jesucristo sea con todos vosotros. Amén.

## *De la Palabra de Dios...*

1. Después de escribir acerca de Dios en Filipenses 4:19 (ver la lección anterior), ahora Pablo estalla en una exclamación de pura alabanza. ¿Cuál es el adjetivo posesivo que usa Pablo para referirse a Dios en el versículo 20?

2. Un hilo que recoge aquí Pablo para concluir su epístola es la lista de aquellos que lo acompañan (v. 21). ¿Quiénes son algunos de estos hermanos, según Filipenses 1:1 y 2:25?

3. Otro hilo habitual de Pablo para empezar y terminar su carta es el concepto de "santo" y "santos". Observa la categoría especial de santos que se menciona en el versículo 22. ¿Quiénes son?

¿Recuerdas la lección 5 y cómo Pablo señaló a sus amigos y lectores que las cosas terribles que le habían sobrevenido habían redundado en su bien, en el avance del evangelio? Él mencionó entonces que todo el palacio del César sabía acerca de su fe en Jesucristo. Y ahora, ¿qué parece haber sucedido en la propia casa del César (v. 22)?

(Como un notable erudito ha comentado con gran elocuencia: "El carpintero galileo crucificado ya había empezado a reinar entre quienes reinaban en el imperio más poderoso del mundo"[25]).

4. ¡Y también está la inmensa gracia de nuestro gran Dios! La vida cristiana, que es una expresión de gracia, se sostiene por la gracia. El último versículo resume en cierta medida todos los anhelos que tenía Pablo para con aquellos cristianos en Filipos que habían manifestado su amor y su cuidado por él. ¿Cómo empieza Pablo su carta (Fil. 1:2)? ¿Cómo la termina (Fil. 4:23)?

## *...a tu corazón*

• Por encima de todo, el apóstol quiere que sus amigos de la iglesia de Filipos experimenten la paz de Dios, la paz entre ellos, la paz de corazón, la paz mental, y la paz en relación con las cosas y las circunstancias terrenales. ¿De qué manera te inspira paz cada versículo de la bendición de Pablo?

Versículo 20. Al Dios y Padre nuestro sea gloria por los siglos de los siglos. Amén.

Versículo 21. Saludad a todos los santos en Cristo Jesús. Los hermanos que están conmigo os saludan.

Versículo 22. Todos los santos os saludan, y especialmente los de la casa de César.

Versículo 23. La gracia de nuestro Señor Jesucristo sea con todos vosotros. Amén.

Otro pensador cristiano añade a propósito de la bendición de Pablo y nuestra paz: "Si este pronunciamiento se acepta con corazón crédulo, entonces de esta bendición fundamental fluirán todas las demás, llenando el espíritu mismo… con la paz de Dios que sobrepasa todo entendimiento".[26]

## *Respuesta del corazón*

Ya que en nuestros corazones y en nuestra alma resuena la bendición de Pablo, conviene recordar tres cosas:

*Primero*, que las palabras de Pablo son en efecto una bendición, lo cual nos recuerda el poder de nuestras propias palabras escritas o habladas para dar gracia a los oyentes o destinatarios. Nuestra lengua y nuestra pluma tienen el poder de animar, calmar, fortalecer y traer alivio al alma de otras personas. Tú y yo hemos experimentado las heridas que infligen las palabras ásperas o las cartas venenosas. ¡Que sin falta seamos, al igual que Pablo, mensajeras de Dios y de su gracia!

*Segundo*, Pablo comunicó a todos a su alrededor las buenas noticias de Jesucristo. Su compañía constante fueron los soldados de la guardia de César, la guardia del pretorio, la guardia imperial de Roma. Sí, Pablo estaba encadenado a ellos… ¡pero, a su vez, ellos estaban encadenados a Pablo! Y el apóstol aprovechó estas oportunidades para hablarles de Jesucristo hasta que pudo escribir que algunos de la casa de César se habían convertido en santos. ¿Eres consciente de las oportunidades que tienes, querida? Tú también puedes hablar a otros de Jesús, ¡aun a los menos dispuestos!

Y *tercero*, nuestro querido Pablo nunca perdió de vista el hecho de que nuestra salvación, de principio a fin, depende por completo del favor soberano de Jesucristo. Él es digno de nuestra alabanza, es digno de nuestra exaltación, merece que hablemos de Él, ¡es digno de nuestra adoración y digno de gloria por siempre y siempre!

Y ahora, ¡que la gracia de nuestro Señor Jesucristo esté *contigo*! Amén.

# *L*ección 25

# Mira atrás...
# y sigue adelante

## Repaso de Filipenses

elicitaciones, querida amiga. Has terminado el estudio del libro de Filipenses. ¡Tan pequeño y a la vez tan rico en verdades que transforman la vida!

El libro de Filipenses tiene varias vetas de oro que lo atraviesan. Dedica unos minutos a pensar en cada capítulo, y luego escribe tus pensamientos con base en lo que has aprendido acerca de:

### Capítulo 1: Meditar acerca de la vida y la muerte

**Resumen**: En el capítulo uno, Pablo, el prisionero optimista, "expresa su convicción profunda de que, sea lo que sea que le sobrevenga, ya sea vida o muerte, exoneración o condenación, Cristo sea glorificado en él. Aunque él desea estar con Cristo, pues lo considera muchísimo mejor, está dispuesto a anteponer las necesidades de los filipenses a la gratificación inmediata de la dicha eterna".[27]

## Capítulo 2: Mirar el ejemplo de la humildad de Cristo

**Resumen**: En el capítulo dos, Pablo, el pastor, hace primero un llamado a su congregación en Filipos a la unidad, la humildad y la ayuda mutua, y luego señala a nuestro amado Salvador como el ejemplo supremo de verdadera humildad. Cristo es el ejemplo más bello de este noble espíritu de humildad y sumisión. Así es el razonamiento de Pablo: "Si Jesucristo se humilló tan profundamente, los filipenses [y nosotros también] deben estar dispuestos a humillarse según su condición más pequeña. Si Él se hizo obediente hasta el punto de llegar a la muerte en una cruz, ellos [y nosotros], en su propia pequeña escala, deben ser obedientes a sus directrices. Y si Él fue recompensado, ellos [y nosotros] serán recompensados".[28]

## Capítulo 3: Perderlo todo para ganar el conocimiento de Cristo

**Resumen**: "Las he estimado… estimo" (vv. 7-8). ¿Recuerdas el día, querida, en que la luz del Señor resplandeció en ti? En palabras del gran predicador G. Campbell Morgan: "Fue algo muy real. Cambió toda nuestra apariencia. Nos llevó a reconsiderar todos los hechos de la vida. Obedecimos. Le dimos la espalda a toda clase de ganancias, estimándolas como simples cosas sin valor. Nos rendimos al llamado y la gloria de la vida en Cristo. Todo fue excelente".[29] ¡Debemos cerciorarnos de estimar siempre todas las cosas como pérdida por la excelencia de Jesucristo nuestro Señor!

**Capítulo 4: Contentamiento en Cristo**
**Resumen**: Cuando Pablo escribió que había aprendido a estar contento sin importar cuál fuera su situación, quiso decir algo así como: "La satisfacción de una necesidad material no debe interpretarse como la verdadera razón o la medida de mi gozo. Más bien puedo estar contento sean cuales sean mis circunstancias externas. Mi experiencia de conversión, y también mis pruebas posteriores por causa de Cristo y de su evangelio, me han enseñado una lección. El camino que he recorrido me ha acercado más a Cristo, a su amor, a su poder, sí, a Cristo y al contentamiento en Él. Ese mismo contentamiento es riqueza para mí".[30] ¿Podrías decir lo mismo, querida hermana?

# Respuesta del corazón

Y ahora ha llegado el momento para lo más importante: "La respuesta del corazón" que tendrás frente a este libro. Es hora de cerciorarte de que en verdad perteneces a Cristo, que eres parte de la familia de Dios, que eres una cristiana que goza de la paz de Dios y del Dios de paz.

Así que debo preguntarte: ¿eres hija de Dios? ¿Te has reconciliado con Dios por medio de su Hijo Jesucristo?

Solo para confirmar que el camino a Dios está despejado, considera en oración las siguientes realidades:

1. La realidad del pecado. Romanos 3:23 declara: "por cuanto todos pecaron, y están destituidos de la gloria de Dios".

2. La realidad del juicio. Romanos 6:23 nos enseña que "la paga del pecado es muerte, mas la dádiva de Dios es vida eterna en Cristo Jesús Señor nuestro".

3. La realidad de la muerte de Cristo por los pecados. Romanos 5:8 dice que "Dios muestra su amor para con nosotros, en que siendo aún pecadores, Cristo murió por nosotros".

4. La realidad de la aceptación de Cristo por la fe. Romanos 10:9 nos muestra el camino: "si confesares con tu boca que Jesús es el Señor, y creyeres en tu corazón que Dios le levantó de los muertos, serás salvo".

5. La realidad de la paz. Romanos 5:1 nos dice que "justificados, pues, por la fe, tenemos paz para con Dios por medio de nuestro Señor Jesucristo".

Si todavía no eres hija de Dios, pídele que abra tu corazón a estas verdades, a fin de que puedas experimentar y gozar la paz perfecta de Dios.

Y si ya eres hija de Dios, que tu "respuesta del corazón" sea de acción de gracias y alabanza a Dios por la paz que Él te extiende por medio de su Hijo Jesucristo.

Querida, ya que concluimos esta dulce epístola de paz, pido que puedas experimentar a Cristo como tu porción y tu felicidad. Que experimentes de primera mano lo que significa vivir en Cristo, dejar que la mente de Cristo habite en ti, conocer a Cristo, y descansar en la paz de su provisión para cada una de tus necesidades, ahora… y siempre. Amén.

# Cómo estudiar la Biblia: Algunas sugerencias prácticas

*Jim George, Th.M.*

Una de las búsquedas más nobles que un hijo de Dios puede emprender es llegar a conocer y entender mejor a Dios. La mejor forma de lograrlo es mirar atentamente el libro que Él ha escrito, la Biblia, que comunica lo que Él es y su plan para la humanidad. Si bien existen diversas maneras como podemos estudiar la Biblia, una de las técnicas más fáciles y eficaces para leer y comprender la Palabra de Dios incluye tres pasos sencillos:

Primer paso. Observación: *¿Qué dice el pasaje?*

Segundo paso. Interpretación: *¿Qué significa el pasaje?*

Tercer paso. Aplicación: *¿Qué haré al respecto de lo que el pasaje dice y significa?*

**La observación** es el primer y más importante paso en el proceso. Cuando leas el texto bíblico, debes *mirar* con atención lo que dice y cómo lo dice. Busca:

• *Términos, no palabras.* Las palabras pueden tener muchos significados, pero los términos son palabras usadas de manera específica en un contexto específico. (Por ejemplo, la palabra *tronco* podría aplicarse a un árbol o una parte del cuerpo. Sin embargo, cuando lees "ese árbol tiene un tronco muy largo", sabes con exactitud lo que la palabra significa, y eso la convierte en un término).

• *Estructura.* Si buscas en tu Biblia, verás que el texto tiene unidades llamadas *párrafos* (marcados o sangrados). Un párrafo es una unidad completa de pensamiento. Puedes descubrir el contenido del mensaje del autor si observas y comprendes cada párrafo.

• *Énfasis.* La cantidad de espacio o el número de capítulos o versículos dedicados a un tema específico revelará la importancia del mismo (por ejemplo, nota el énfasis de Romanos 9-11 y del Salmo 119).

• *Repetición.* Esta es otra manera en que el autor demuestra que algo es importante. Una lectura de 1 Corintios 13, donde en apenas 13 versículos el autor usa nueve veces la palabra "amor", nos hace saber que el amor es el punto central del texto.

• *Relación entre las ideas.* Presta mucha atención, por ejemplo, a ciertas relaciones que aparecen en el texto:

—Causa y efecto: "Bien, buen siervo y fiel; sobre poco has sido fiel, sobre mucho te pondré; entra en el gozo de tu señor" (Mt. 25:21).

—Si y entonces: "si se humillare mi pueblo, sobre el cual mi nombre es invocado, y oraren, y buscaren mi rostro, y se convirtieren de sus malos caminos; entonces yo oiré desde los cielos, y perdonaré sus pecados, y sanaré su tierra" (2 Cr. 7:14).

—Preguntas y respuestas: "¿Quién es este Rey de gloria? Jehová el fuerte y valiente" (Sal. 24:8).

• *Comparaciones y contrastes.* Por ejemplo: "Oísteis que fue dicho a los antiguos… pero yo os digo…" (Mt. 5:21).

• *Estilos literarios.* La Biblia es literatura, y los tres tipos principales de literatura bíblica son el discurso (las epístolas), la prosa (la historia del Antiguo Testamento), y la poesía (los Salmos). Es muy útil tener en cuenta la forma literaria a la hora de leer e interpretar las Escrituras.

• *Ambiente.* El autor tenía una razón o una carga particular para escribir cada pasaje, capítulo y libro. Asegúrate de captar el ánimo, el tono o la urgencia con la que escribió.

Después de considerar estos aspectos, estarás lista para plantear las preguntas clave:

| | |
|---|---|
| *¿Quién?* | ¿Quiénes son las personas que menciona este pasaje? |
| *¿Qué?* | ¿Qué sucede en este pasaje? |
| *¿Dónde?* | ¿Dónde tiene lugar esta historia? |
| *¿Cuándo?* | ¿En qué momento (del día, del año, de la historia) sucede esto? |

Formular estas cuatro preguntas clave puede ayudarte a extraer los términos e identificar el ambiente. Las respuestas también te ayudarán a usar tu imaginación para recrear la escena acerca de la cual lees.

Cuando te hagas estas preguntas e imagines el suceso, tal vez surjan nuevas preguntas de tu propia iniciativa. Hacer esas preguntas adicionales para la comprensión facilitará la construcción de un puente entre la observación (el primer paso) y la interpretación (el segundo paso) del proceso de estudio bíblico.

**La interpretación** es descubrir el significado de un pasaje, la idea o el pensamiento principal del autor. Responder las preguntas que surgen durante la observación te ayudará en el proceso de interpretar. Hay cinco pistas que pueden ayudarte a determinar cuáles son los puntos principales del autor:

- *Contexto*. Cuando lees el texto, puedes responder el 75% de tus preguntas acerca de un pasaje. Cuando se lee un pasaje, se observa el contexto inmediato (el versículo anterior y el siguiente) y el más amplio (el párrafo o el capítulo que precede o sigue al pasaje que estudias).

- *Referencias cruzadas*. Deja que las Escrituras se interpreten a sí mismas. Es decir, que otros pasajes bíblicos arrojen luz sobre el pasaje que estudias. Al mismo tiempo, ten cuidado de no dar por sentado que una misma palabra o frase significa lo mismo en dos pasajes diferentes.

- *Cultura*. Puesto que se escribió hace mucho tiempo, debemos entender la Biblia, a la hora de interpretarla, desde el contexto cultural del autor.

- *Conclusión.* Después de responder tus preguntas para comprender el pasaje a través del contexto, de las referencias cruzadas y de la cultura, puedes hacer una declaración preliminar acerca del significado del pasaje. Recuerda que si tu pasaje incluye más de un párrafo, tal vez el autor presente más de un pensamiento o idea.

- *Consulta.* Leer libros como comentarios y obras de eruditos bíblicos puede ayudarte a interpretar las Escrituras.

**La aplicación** es la razón por la cual estudiamos la Biblia: queremos que nuestra vida cambie, ser obedientes a Dios y ser cada vez más como Jesucristo. Después de haber observado un pasaje, y de haberlo interpretado o entendido lo mejor posible según nuestra capacidad, debemos aplicar su verdad a nuestra propia vida.

Será provechoso que te plantees las siguientes preguntas sobre cada pasaje de las Escrituras que estudias:

- ¿Cómo afecta mi relación con Dios la verdad revelada allí?

- ¿Cómo afecta esta verdad mi relación con otros?

- ¿Cómo me afecta a mí esta verdad?

- ¿Cómo afecta esta verdad mi respuesta al enemigo, Satanás?

El paso de la aplicación no termina simplemente respondiendo estas preguntas. La clave es *poner en práctica* lo que Dios te ha enseñado a través de tu estudio. Aunque en un determinado momento podrías no aplicar de manera consciente *todo* lo que has aprendido en el estudio bíblico, sí puedes aplicar *algo*. Y, como hemos visto, cuando te propones aplicar una verdad a tu vida, Dios bendecirá tus esfuerzos transformándote en la semejanza de Jesucristo.

**Materiales bíblicos de utilidad:**
Concordancia: de las Sociedades Bíblicas Unidas o de Strong.
Diccionario bíblico: de Clie, de Caribe o de Holman.
*El mundo que Jesús conoció*, Anne Punton.
*De qué trata la Biblia*, Henrietta C. Mears.
*Nuevo manual bíblico Unger*, Merrill F. Unger

*Auxiliar bíblico Portavoz*
*Nuevo manual de los usos y costumbres de los tiempos bíblicos,*
Ralph Gower.

## Libros sobre estudio bíblico:

*Cómo leer la Biblia, libro por libro,* Gordon Fee
*La lectura eficaz de la Biblia,* Gordon Fee
*Cómo interpretar la Biblia uno mismo,* Richard Mayhue
*Cómo entender e interpretar la Biblia,* John Phillips

# Cómo dirigir un grupo de estudio bíblico

¡Qué privilegio es dirigir un estudio bíblico! Y qué gozo y emoción te esperan cuando tú escudriñas la Palabra de Dios y ayudas a otros a descubrir sus verdades transformadoras. Si Dios te ha llamado a dirigir un grupo de estudio bíblico, sé que pasarás mucho tiempo en oración, planificando y meditando para ser una líder eficaz. Sé, también, que si dedicas tiempo a leer las sugerencias que te doy, podrás enfrentar mejor los desafíos que implica dirigir un grupo de estudio bíblico, y disfrutar del esfuerzo y de la oportunidad.

### Las funciones de la líder

En el transcurso de una sesión descubrirás que tu papel como líder de un grupo de estudio bíblico va cambiando entre las funciones de *experta, animadora, amiga,* y *árbitro.*

Puesto que eres la líder, los miembros del grupo verán en ti la *experta* que las guía en el estudio del material, y por eso debes estar bien preparada. De hecho, prepárate más de lo que se espera, con el fin de que conozcas el material mejor que todos los miembros del grupo. Empieza tu estudio a comienzos de la semana y deja que su mensaje penetre durante toda la semana. (Incluso podrías trabajar varias lecciones por anticipado, para tener en mente el cuadro completo y el enfoque general del estudio). Prepárate para comunicar otras verdades preciosas que las participantes de tu grupo quizás no hayan descubierto por sí mismas. Una meditación adicional que surge de tu estudio personal, un comentario de un sabio maestro o erudito bíblico, un dicho inteligente, una observación aguda de otro creyente, e incluso una broma apropiada, añadirán diversión y evitarán que el estudio bíblico se vuelva rutinario, monótono y árido.

En segundo lugar, debes estar preparada para ser la *animadora* del grupo. Tu energía y entusiasmo hacia la tarea propuesta pueden servir de inspiración. También pueden animar a otras a consagrarse más a su estudio personal y participar en el grupo de estudio.

Tercero, debes ser la *amiga*, aquella que demuestra un interés sincero por los miembros del grupo. Tú eres la persona que creará el ambiente del grupo. Si tú ríes y te diviertes, las participantes también reirán y se divertirán. Si abrazas, ellas abrazarán. Si te interesas, ellas se interesarán. Si compartes, ellas compartirán. Si amas, ellas amarán. Por consiguiente, ora cada día para amar a las mujeres que Dios ha puesto en tu grupo. Pídele que te muestre cómo amarlas con su amor.

Por último, como líder, tendrás que ser *árbitro* en algunas ocasiones. Eso significa que debes cerciorarte de que todas tengan la misma oportunidad de hablar. Es más fácil hacerlo cuando funcionas bajo la suposición de que cada participante tiene un aporte valioso. Confía entonces en lo que el Señor ha enseñado a cada persona durante la semana, y actúa conforme a ese supuesto.

Experta, animadora, amiga, y árbitro son las cuatro funciones de la líder que podrían hacer ver la tarea como algo abrumador. Pero eso no está mal, si es lo que te mantiene de rodillas orando por tu grupo.

### Un buen comienzo

Empezar a tiempo, saludar con entusiasmo a cada persona, y empezar con una oración constituyen un buen principio para el estudio bíblico. Ten presente lo que quieres que ocurra durante la reunión y cerciórate de que se cumplan los objetivos. Ese tipo de orden hace que las participantes se sientan cómodas.

Establece un formato y comunícalo a los miembros del grupo. A las personas les agrada participar en un estudio bíblico que se centra en la Palabra. Procura entonces que la discusión se centre en el tema y anima al grupo a continuar con las preguntas del estudio. Con frecuencia, es difícil evitar desviarse del tema, y aún más difícil controlar la discusión. Por consiguiente, asegúrate de centrarte en las respuestas a las preguntas acerca del pasaje específico. Después de todo, el propósito del grupo es el estudio de la Biblia.

Para terminar, como alguien comentó con acierto: "El crecimiento personal es uno de los resultados de todo grupo pequeño que funciona bien. Este crecimiento se logra cuando las personas reciben el reconocimiento y la aceptación de los demás. Cuanto más respeto, simpatía, confianza mutua y calidez se expresen, más probable será que cada miembro se esfuerce por lograr las metas del grupo. El líder eficaz procurará reforzar los rasgos deseables" (fuente desconocida).

### Doce ideas útiles

Esta es una lista de sugerencias útiles para dirigir un grupo de estudio bíblico:

1. Llega temprano, lista para centrarte por completo en los demás y dar de ti misma. Si tienes que hacer algún preparativo, revisión, reagrupamiento, o una oración de último minuto, hazlo en el auto. No entres de prisa, sin aliento, apurada, tarde, ajustando aún tus planes.

2. Revisa con anticipación el lugar de la reunión. ¿Tienes todo lo necesario… mesas, suficientes sillas, un tablero, himnarios si piensas cantar, café, etcétera?

3. Saluda calurosamente a cada persona por nombre a medida que llega. Después de todo, has orado durante toda la semana por estas mujeres, y cada persona especial debe saber que te alegras de su llegada.

4. Al menos durante las dos o tres primeras reuniones, usa etiquetas con los nombres de las participantes.

5. Empieza a tiempo sin importar lo que pase, ¡incluso si solo ha llegado una persona!

6. Piensa en una declaración de inicio agradable pero firme. Podrías decir: "¡Esta lección fue grandiosa! Empecemos de una vez para que podamos disfrutar todo su contenido!" o "Vamos a orar antes de comenzar nuestra lección".

7. Lee las preguntas, pero no dudes en reformularlas cuando sea necesario. Por ejemplo, en vez de leer un párrafo completo de instrucciones, podrías decir: "La pregunta 1 nos pide mencionar algunas formas en las que Cristo demostró humildad. Margarita, por favor cita una de ellas".

8. Resume o parafrasea las respuestas dadas. Hacerlo mantendrá la discusión centrada en el tema, eliminará las desviaciones del tema, ayudará a evitar o aclarar cualquier malentendido del texto, y a mantener a cada participante atenta a lo que dicen las demás.

9. No te detengas y no añadas tus propias preguntas al tiempo de estudio. Es importante completar las preguntas de la guía del estudio. Si se requiere una respuesta concreta, entonces no tendrás que hacer otro comentario aparte de decir "gracias". Sin embargo, cuando la pregunta pide una opinión o una aplicación (por ejemplo, ¿cómo puede esta verdad ayudar a nuestro matrimonio? O ¿cómo sacas tiempo para tu tiempo devocional?), permite que participen cuantas lo deseen.

10. Anima a cada persona que participa, en especial si el aporte es de carácter personal, difícil de decir, o si viene de una persona muy callada. Haz que todas las que participan se sientan como heroínas, con comentarios como: "Gracias por contarnos de tu experiencia personal", o "Apreciamos mucho lo que Dios te ha enseñado. Gracias por hacernos partícipes de ello".

11. Está atenta a tu reloj, ubica un reloj frente a ti, o considera el uso de un temporizador. Organiza la discusión de tal forma que cumplas con el tiempo que has establecido, en especial si quieres dedicar un tiempo para orar. Detente a la hora señalada incluso si no has terminado la lección. Recuerda que todas han estudiado ya la lección, y que se trata de un repaso.

12. Termina a tiempo. Solo puedes hacer amigas en tu grupo de estudio si terminas a tiempo, e incluso antes. Además, las participantes de tu grupo también tienen actividades pro-

gramadas en su agenda y que deben atender: recoger a los niños de la guardería, de la escuela o de la niñera; volver a casa para atender asuntos allí; hacer diligencias; acostarse; o pasar tiempo con sus esposos. ¡Déjalas ir a tiempo!

## Cinco problemas comunes

En cualquier grupo puedes esperar algunos problemas. A continuación encontrarás algunos de los más comunes que pueden surgir, y también algunas soluciones prácticas:

1. *La lección incompleta.* Desde el comienzo establece la norma de que si alguien no ha estudiado la lección, es preferible que no conteste las preguntas en el grupo. Sin embargo, intenta incluir sus respuestas a preguntas sobre opiniones o experiencias. Todas pueden aportar ideas como respuesta a puntos como: "Reflexiona en tus conocimientos acerca del entrenamiento deportivo y espiritual, y luego comenta lo que consideras que son los elementos esenciales para entrenarse en piedad".

2. *El chisme.* La Biblia dice con claridad que el chisme es malo, así que no desearás permitir esto en tu grupo. Establece una norma elevada y estricta diciendo: "No me siento cómoda con esta conversación" o "Señoras, estamos [no estás] chismeando. Sigamos con la lección".

3. *La participante habladora.* Estos son tres escenarios y algunas posibles soluciones para cada uno:

   a. La participante que causa el problema tal vez hable porque ha hecho su tarea y está emocionada por algo que desea comunicar. Quizá también sepa más acerca del tema que las demás y, si le prohíbes hablar, el grupo se perjudicaría.

   **SOLUCIÓN:** Responde diciendo algo como "Sara, haces aportes muy valiosos al grupo. Veamos si podemos escuchar lo que las demás piensan al respecto", o "Sé que Sara puede responder esto, porque ha hecho su tarea a consciencia. ¿Qué tal si otras nos cuentan acerca de su estudio?"

b. La participante podría mostrarse habladora porque no ha hecho su tarea y quiere aportar a la discusión, pero carece de límites.

**SOLUCIÓN:** Desde la primera reunión, fija la norma de que quienes no han realizado su lección no podrán hacer comentarios, excepto en preguntas de opinión o aplicación. Tal vez sea preciso recordar esta norma al principio de cada sesión.

c. La participante habladora quizá desee ser oída a pesar de no tener siempre algo que vale la pena aportar.

**SOLUCIÓN:** Después de varios recordatorios sutiles, habla de manera más directa: "Betty, sé que te gustaría comentar tus ideas, pero demos a otras la oportunidad de hacerlo. Me gustaría oírte más adelante".

4. *La participante callada*. Estos son dos escenarios y sus posibles soluciones:

a. La participante callada quiere aportar pero de alguna forma no logra encontrar la ocasión para hablar.

**SOLUCIÓN:** Ayuda a la participante callada prestando atención a las señales que manifiesta cada vez que desea hablar (moverse al borde de su silla, expresar algo con su mirada, empezar a decir algo, etcétera), y luego podrías decir: "Un momento. Creo que Mariana quiere decir algo". ¡Y no olvides hacerla sentir después como una heroína!

b. La participante callada simplemente no quiere participar.

**SOLUCIÓN:** "Mariana, ¿qué respuesta tienes para la pregunta 2?" o "¿Qué piensas acerca de…?" Por lo general, cuando una persona tímida ha hablado unas pocas veces, se sentirá más confiada y dispuesta a seguir haciéndolo. Tu función es proveer la oportunidad *sin* riesgos de respuestas equivocadas. Sin embargo, en algunas ocasiones habrá una participante que te diga que en realidad prefiere no intervenir. Respeta su posición, pero de vez en cuando pregúntale en privado si se siente lista para aportar a las discusiones del grupo.

De hecho, brinda total libertad a las participantes de aportar o no. En la primera reunión, explica que si alguna prefiere no exponer su respuesta, puede decir "paso" en cualquier momento. Sería útil repetir esta norma al principio de cada sesión grupal.

5. *La respuesta equivocada.* Nunca digas a una participante que su respuesta es errónea, pero tampoco permitas que una respuesta equivocada se pase por alto.

**SOLUCIÓN:** Pregunta si alguien más tiene una respuesta diferente, o formula preguntas adicionales que hagan surgir la respuesta correcta. A medida que las participantes se acercan a ella, puedes decir: "Nos estamos acercando. Sigamos pensando, casi hemos encontrado la respuesta".

### Aprender de la experiencia

Tan pronto como finaliza cada sesión de estudio bíblico, evalúa el tiempo de discusión grupal con esta lista de control. Tal vez también quieras que un miembro del grupo (o un asistente, un aprendiz, o un observador externo) te evalúe de manera periódica.

Que Dios te fortalezca y aliente en tu servicio a otros para que descubran las abundantes y maravillosas verdades que Él ofrece.

1. Tomado de Elizabeth George. *A Woman After God's Own Heart®* [*Una mujer conforme al corazón de Dios*] (Eugene, OR: Harvest House Publishers 2001), pp. 24-29. Publicado en español por Unilit.

2. *Life Applications from Every Chapter of the Bible* (Grand Rapids MI: Fleming H. Revell, 1926, 1994), p. 330.

3. *365 Life Lessons from Bible People* (Wheaton IL: Tyndale House Publishers, Inc., 1996), p. 325.

4. Paul Rees, citado en Albert M. Wells, Jr., *Inspiring Quotations Contemporary and Classical* (Nashville, TN: Thomas Nelson, 1988) p. 160.

5. John F. Walvoord, *Philippians—Triumph in Christ* (Chicago: Moody Press, 1977), p. 40.

6. William Hendriksen, *New Testament Commentary—Exposition of Philippians* (Grand Rapids, MI: Baker Book House, 1975), p. 78.

7. Jim Elliot, *Inspiring Quotations—Contemporary & Classical* (Nashville: Thomas Nelson Publishers, 1988), p. 178.

8. Matthew Henry, *Matthew Henry's Commentary on the Whole Bible*—Vol. 6 (Peabody, MA: Hendrickson Publishers, 1996), p. 588.

9. *Our Daily Bread* [*Nuestro pan diario*], 23 de julio (Grand Rapids, MI: Zondervan Publishing House, 1959). Publicado en español por la Clase Bíblica Radial.

10. John W. Cowart, *People Whose Faith Got Them into Trouble— Stories of Costly Discipleship* (Downers Grove, IL: InterVarsity Press, 1990), pp. 55-64.

11. William Barclay, *The Letters to the Philippians, Colossians, and Thessalonians* [*Filipenses, Colosenses y Tesalonicenses*], ed. rev. (Philadelphia, PA: The Westminster press, 1975), p. 37. Publicado en español por Clie.

12. Charles Swindoll, *Improving Your Serve* [*Desafío a servir*] (Waco, TX: Word Publishers, 1982), p. 34. Publicado en español por Betania.

13. Ver Elizabeth George, *Women Who Loved God—A Devotional Walk with the Women of the Bible* (Eugene, OR: Harvest House Publishers, 1999).

14. Paul Lee Tan, *Encyclopedia of 7,700 Illustrations* (Winona Lake, IN: BMH Books, 1979), p. 817.

15. D. L. Moody, *Notes from My Bible and Thoughts from My Library* (Grand Rapids, MI: Baker Book House, 1979), p. 315.

16. Barclay, *Letters to the Philippians, Colossians, and Thessalonians*, pp. 66-67.

17. Charles F. Pfeiffer y Everett F. Harrison, *The Wycliffe Bible Commentary* [*Comentario bíblico Moody*] (Chicago, IL: Moody Press, 1973), p. 1328. Publicado en español por Portavoz.

18. Ralph P. Martin, *Tyndale New Testament Commentaries—The Epistle of Paul to the Philippians* (Grand Rapids, MI: William B. Eerdmans Publishing Company, 1976), 168.

19. D. L. Moody, *Notes from My Bible and Thoughts from My Library*, p. 316.

20. Barclay, *Letters to the Philippians, Colossians, and Thessalonians*, p. 79.

21. Extraído de Martin, *The Epistle of Paul to the Philippians*, p. 171.

22. Keith L. Brooks, *Philippians—The Epistle of Christian Joy* (Chicago, IL: The Moody Bible Institute of Chicago, 1963), p. 38.

23. Norman Grubb, *C. T. Studd* (Grand Rapids, MI: Zondervan Publishing House, 1946), pp. 50-51, 66-69.

24. Ibid., pp. 66-69.

25. Barclay, *Letters to the Philippians, Colossians, and Thessalonians*, p. 87.

26. Hendriksen, *Exposition of Philippians*, p. 92.

27. Extraído de Hendriksen, *Exposition of Philippians*, p. 92.

28. Ibíd., pp. 127-28.

29. Morgan, *Life Applications*, p. 351.

30. Hendriksen, *Exposition of Philippians*, p. 204.

# Bibliografía

Anónimo. *Biblia de bosquejos y sermones: Gálatas, Efesios, Filipenses, Colosenses*. Grand Rapids, MI: Portavoz, 2002.

Barclay, William. *Filipenses, Colosenses y Tesalonicenses*. Barcelona: Clie. 1999.

Hendriksen, William. *Exposición de Filipenses*. Grand Rapids, MI: Subcomisión Literatura Cristiana, 1982.

Henry, Matthew. *Comentario bíblico de Matthew Henry*. Barcelona: Clie, 1999.

Jamieson, Robert, A. R. Fausset, y David Brown. *Comentario exegético y explicativo de la Biblia*, tomo 2. El Paso, TX: Casa Bautista de Publicaciones, 1982.

MacArthur, John. *Comentario MacArthur del Nuevo Testamento: Filipenses, Colosenses y Filemón*. Grand Rapids, MI: Portavoz, 2012.

Pfeiffer, Charles F., and Everett F. Harrison. *Comentario bíblico Moody*. Grand Rapids, MI: Portavoz, 1993.

EDITORIAL
**PORTAVOZ**

# NUESTRA VISIÓN

Maximizar el efecto de recursos cristianos de calidad que transforman vidas.

# NUESTRA MISIÓN

Desarrollar y distribuir productos de calidad —con integridad y excelencia—, desde una perspectiva bíblica y confiable, que animen a las personas a conocer y servir a Jesucristo.

# NUESTROS VALORES

*Nuestros valores se encuentran fundamentados en la Biblia, fuente de toda verdad para hoy y para siempre. Nosotros ponemos en práctica estas verdades bíblicas como fundamento para las decisiones, normas y productos de nuestra compañía.*

Valoramos la excelencia y la calidad
Valoramos la integridad y la confianza
Valoramos el mérito y la dignidad de los individuos
    y las relaciones
Valoramos el servicio
Valoramos la administración de los recursos

Para más información acerca de nuestra editorial y los productos que publicamos visite nuestra página en la red: www.portavoz.com